中2英語を ひとつひとつわかりやすく

［改訂版］

Gakken

みなさんへ

どうすれば，ぼくの生徒はもっと自由に英語が話せるようになるだろう？　小学生から大人まで，いろいろな生徒さんを見守っていく中で，ぼくは，英語の「感覚」を育てることこそが大切なのだとわかりました。単語や文法の知識はもちろん必要ですが，それだけでは，英語を自由に使えるようにはなりません。「考え込まなくても，英語がパッと言える」。この状態を目指すことが重要です。

そのために，この本では，①難しく感じることは，無理矢理やらないでください。わかること，できることから，じっくりマスターしていきましょう。②英文を書いたあとは，音声を聞きながら，たくさん口に出して読んでください。野球の素振りやピアノのスケール練習と同じように，英語も「簡単なことを何度も」が上達の秘訣（ひけつ）です。

この一冊の本をきっかけに，いつの日か，みなさんが自由に，感覚的に英語を話せるようになれたなら，ぼくは最高に幸せです。Good luck, and have fun!

監修　山田暢彦

この本の使い方

1回15分，読む→解く→わかる！

1回分の学習は2ページです。毎日少しずつ学習を進めましょう。

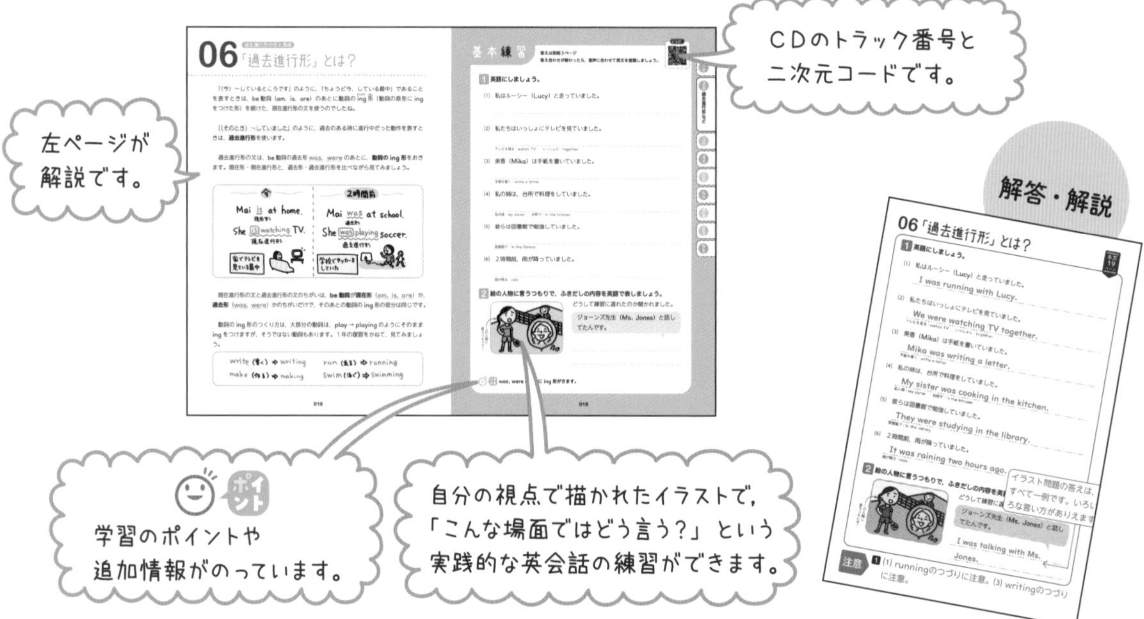
CDのトラック番号と二次元コードです。
左ページが解説です。
解答・解説
学習のポイントや追加情報がのっています。
自分の視点で描かれたイラストで，「こんな場面ではどう言う？」という実践的な英会話の練習ができます。

答え合わせが終わったら，必ず音読をしよう！

Do you～?

問題を解いて，答え合わせが終わったら…

① CDや二次元コード，アプリを使って音声を聞きましょう。

② 音声に合わせて読めるようになるのを目標に，音読の練習をしましょう。

音声と同時に音読するのは難しいことです。うまくできなくてもあまり気にせずに，何度もくり返し練習しましょう。

音声の聞き方は3通り！　自分のスタイルで学べる！

だれでも・どんなときでも音声を気軽に聞けるように，音声の聞き方は3通り用意しています。自分の学習スタイルにあったものを選んで，最大限に活用してください。

① 付属CD … CDプレーヤーで再生できます。
② 各ページの二次元コード … インターネットに接続されたスマートフォンやタブレットPCで再生できます。（通信料はお客様のご負担となります。）
③ 音声再生アプリ「my-oto-mo（マイオトモ）」… 右のURLよりダウンロードしてください。

https://gakken-ep.jp/extra/myotomo/
アプリは無料ですが，通信料はお客様のご負担となります。

※お客様のネット環境やご利用の端末により，音声の再生やアプリの利用ができない場合，当社は責任を負いかねます。

答え合わせも簡単・わかりやすい！

解答は本体に軽くのりづけしてあるので，ひっぱって取り外してください。問題とセットで答えが印刷してあるので，かんたんに答え合わせできます。

復習テストで，テストの点数アップ！

各分野のあとに，これまで学習した内容を確認するための「復習テスト」があります。

学習のスケジュールも，ひとつひとつチャレンジ！

まずは次回の学習予定を決めて記入しよう！

最初から計画を細かく立てようとしすぎると，計画をたてることがつらくなってしまいます。まずはもくじページに，次回の学習予定日を決めて記入してみましょう。

１日の学習が終わったら，シールを貼(は)りましょう。どこまで進んだかがわかりやすくなるだけでなく，「ここまでやった」という頑張りが見えることで自信がつきます。

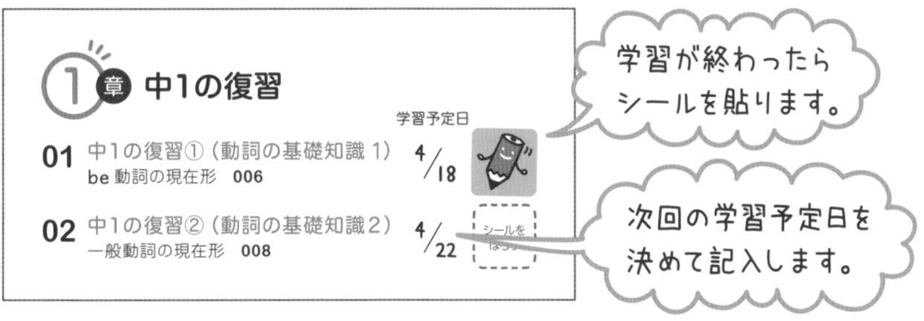

カレンダーや手帳で，さらに先の学習計画を立ててみよう！

スケジュールシールは多めに入っています。

カレンダーや自分の手帳にシールを貼りながら，まずは１週間ずつ学習計画を立ててみましょう。あらかじめ定期テストの日程を確認しておくと，直前に慌てることなく学習でき，苦手分野の対策に集中できますよ。

ときには計画通りにいかないこともあるでしょう。あきらめず，できるところからひとつひとつ，がんばりましょう。

もくじ 中2英語

次回の学習日を決めて，書きこもう。
1回の学習が終わったら，巻頭のシールをはろう。

1章 中1の復習

学習予定日

2章 過去進行形など

学習予定日

3章 未来を表す文

学習予定日

4章 接続詞など

学習予定日

5章 助動詞

学習予定日

6章 不定詞・動名詞

学習予定日

7章 比較の文

学習予定日

8章 受け身

学習予定日

9章 現在完了形

学習予定日

わかる君を探してみよう！

この本にはちょっと変わったわかる君が全部で5つかくれています。学習を進めながら探してみてくださいね。

色や大きさは，上の絵とちがうことがあるよ！

01 be 動詞の現在形 中１の復習① （動詞の基礎知識１）

中２範囲の学習に入る前に，中１範囲のもっとも大切な部分だけを簡単に復習しておきましょう。どれも中２の内容に入る前に必ず知っておかなければならない基礎です。

まずは「動詞」についての確認です。英語の動詞は，**be 動詞**と**一般動詞**の２種類に分けられます。am，are，is が be 動詞で，それ以外が一般動詞でしたね。

一般動詞は，おもに「動き」を表すふつうの動詞です。これに対して be 動詞は**「イコール」**でつなぐ働きをする特別な動詞です。「A＝B」という状態を表したいときに使います。

be 動詞は，**主語**によって am，are，is の３つの形を使い分けます。

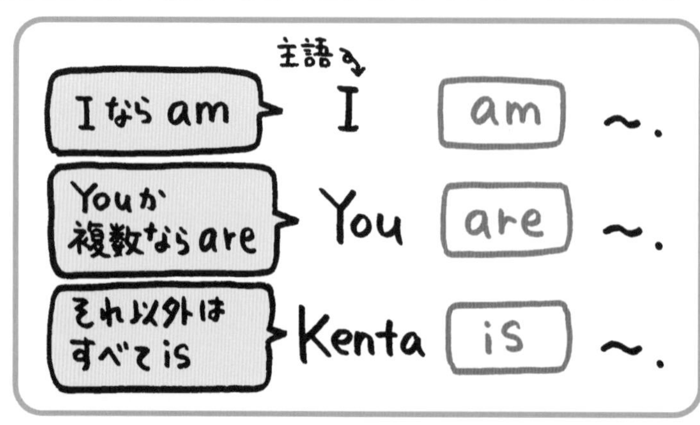

基本練習

答えは別冊2ページ
答え合わせが終わったら，音声に合わせて英文を音読しましょう。

1 英語にしましょう。

(1) 私は忙しい。

忙しい：busy（形容詞）

(2) あなたは遅刻です。

遅刻した，遅れた：late（形容詞）

(3) 私の母は教師です。

母：mother　教師：a teacher

(4) 彼は台所にいます。

台所に：in the kitchen

(5) 私たちは疲れています。

疲れた：tired（形容詞）

(6) 彼らは人気があります。

人気がある：popular（形容詞）

I am → I'm，you are → you're のような短縮形もよく使われます。

02 中1の復習② （動詞の基礎知識2）

一般動詞の現在形

be動詞以外のふつうの動詞が**一般動詞**です。be動詞とちがい，「する」「勉強する」のように何かの「動き」を表します。

「一般動詞」はとてもたくさんある

- play（〈スポーツなどを〉する）
- study（勉強する）
- like（好む）
- watch（〈テレビなどを〉見る）
- have（持っている）

などなど…

「私は音楽が好きです。」を，×I am like music. などとするまちがいが多いので気をつけましょう。like（好む）という動詞を使うなら，amという動詞は必要ありません。

よくあるまちがい
私は音楽が好きです。
× I am like music.
一般動詞（ここではlike）を使うなら，be動詞は不要！
○ I like music.
1つの文に動詞は1つでOK！

一般動詞の現在形は，**主語**によって**2つの形を使い分ける**のがポイントです。

主語がIかyouのときは「そのままの形」でいいのですが，主語がそれ以外の単数（3人称単数）のときは**「sがついた形」**にします。

主語がI，Youのとき
I play the guitar.
そのままの形
主語が3人称単数のとき
Kenta plays the guitar.
Sがついた形

（go → goes のように，sのつけ方に注意すべき動詞が少しだけあります。くわしくはp.118をチェックしてください。）

基本練習

答えは別冊２ページ
答え合わせが終わったら，音声に合わせて英文を音読しましょう。

1 適する動詞を選び，必要があれば形を変えて（　　）に書きましょう。

play　like　watch　live　walk　speak

(1) 私は毎日テレビを見ます。
I (　　　　　　) TV every day.

(2) 彼女は中国語を話します。
She (　　　　　　) Chinese.
Chinese：中国語

(3) 私の兄は料理が好きです。
My brother (　　　　　　) cooking.
cooking：料理

(4) 健太は毎日バスケットボールをします。
Kenta (　　　　　　) basketball every day.

(5) 私たちはたいてい，学校まで歩きます。
We usually (　　　　　　) to school.

(6) 彼らは東京に住んでいます。
They (　　　　　　) in Tokyo.

ポイント 一般動詞は，主語が３人称単数のときにｓをつけます。このｓがついた形を３人称単数・現在形（３単現）といいます。複数のときはｓはつけません。

03 過去の文 中1の復習③ (動詞の過去形)

「〜しました」「〜でした」のように過去のことを言うときには，動詞を**過去形**にするのでしたね。

多くの動詞は，ed をつければ過去形になります。

use のように**もともと e で終わる動詞には，d だけ**をつければ OK です。

（study → studied のように，ed のつけ方に注意すべき動詞もあります。くわしくは p.118 で確認できます。）

	過去形
play（〈スポーツなどを〉する） ⇨	played
help（助ける） ⇨	helped
use（使う） ⇨	used

過去形が 〜ed ではない形になる動詞もあります。これを**不規則動詞**といいます。

おもな不規則動詞

go（行く） ⇨	went	see（見える） ⇨	saw
come（来る） ⇨	came	make（作る） ⇨	made
have（持っている） ⇨	had	read（リード）（読む） ⇨	read（レッド） ← 発音だけが変わる
get（手に入れる） ⇨	got	write（書く） ⇨	wrote

不規則動詞はこれ以外にもあります。出てくるたびに，ひとつひとつ覚えるようにしましょう。(p.118 で確認できます。)

be 動詞も不規則動詞です。

am と is の過去形は was で，are の過去形は were です。

	過去形
am, is ⇨	was
are ⇨	were

基本練習

答えは別冊2ページ
答え合わせが終わったら，音声に合わせて英文を音読しましょう。

1 適する動詞を選び，過去形にして（　　）に書きましょう。

have　play　make　go　come　read

(1) 私たちはきのう，野球をしました。
We (　　　　　　) baseball yesterday.
yesterday：きのう

(2) 私は先月，沖縄に行きました。
I (　　　　　　) to Okinawa last month.
last：この前の

(3) ジムは2週間前に日本に来ました。
Jim (　　　　　　) to Japan two weeks ago.
ago：～前に

(4) 彼にはきのう，たくさんの宿題がありました。
He (　　　　　　) a lot of homework yesterday.

(5) 私は去年，この本を読みました。
I (　　　　　　) this book last year.

(6) ヘレンは日本でたくさんの友達を作りました。
Helen (　　　　　　) a lot of friends in Japan.

よく使われる基本的な動詞にも不規則動詞がたくさんあるので，しっかり覚えましょう。

04 現在・過去の否定文 中1の復習④ (否定文のつくり方)

「〜ではありません」「〜しません」のような否定文は，be 動詞の文か，一般動詞の文かによってつくり方がちがいます。

be 動詞の場合は，be 動詞（is, am, are, was, were）のあとに not を入れるだけで否定文になります。

一般動詞の場合は，動詞の前に don't(=do not) か doesn't(=does not) を入れると否定文になります。

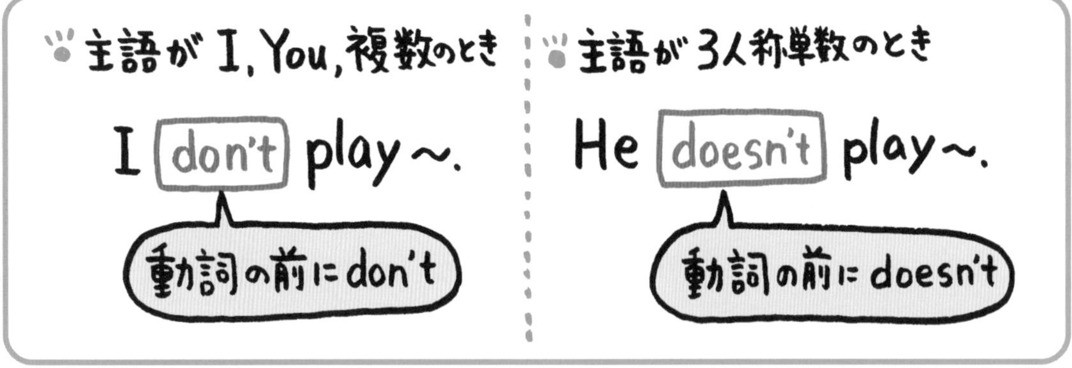

過去の文なら，don't/doesn't のかわりに didn't(=did not) を使えば OK です。

否定文では，一般動詞はいつも**原形**（変化しないもとの形）を使います。

×doesn't plays や ×didn't played としてしまうまちがいが多いので注意してください。

基本練習

答えは別冊2ページ
答え合わせが終わったら，音声に合わせて英文を音読しましょう。

1 否定文に書きかえましょう。

(例) I'm busy.
→ **I'm not busy.**

(1) It was a difficult question.

difficult：難しい　question：質問

(2) I know his name.

know：知っている

(3) My mother plays golf.

golf：ゴルフ

(4) Daiki went to school last Saturday.

went：go（行く）の過去形

2 英語にしましょう。

(1) この映画は日本では人気がありません。

映画：movie　人気がある：popular

(2) 私の祖父はテレビを見ません。

祖父：grandfather　テレビを見る：watch TV

(3) 私は今朝，朝食を食べませんでした。

食べる：have　朝食：breakfast

ポイント 否定文では一般動詞はいつも原形を使います。

05 中1の復習⑤（疑問文のつくり方）

現在・過去の疑問文

疑問文も，be 動詞の文の場合と，一般動詞の文の場合とでつくり方がちがいます。

be 動詞の場合は，**be 動詞で文を始める**と疑問文になります。

主語は be 動詞のあとに言います。

You are busy.
be動詞で始めれば疑問文に！
Are you busy? 忙しいですか？

一般動詞の場合は，最初に **Do** か **Does** をおくと疑問文になります。Do/Does のあとに主語と動詞を言います。

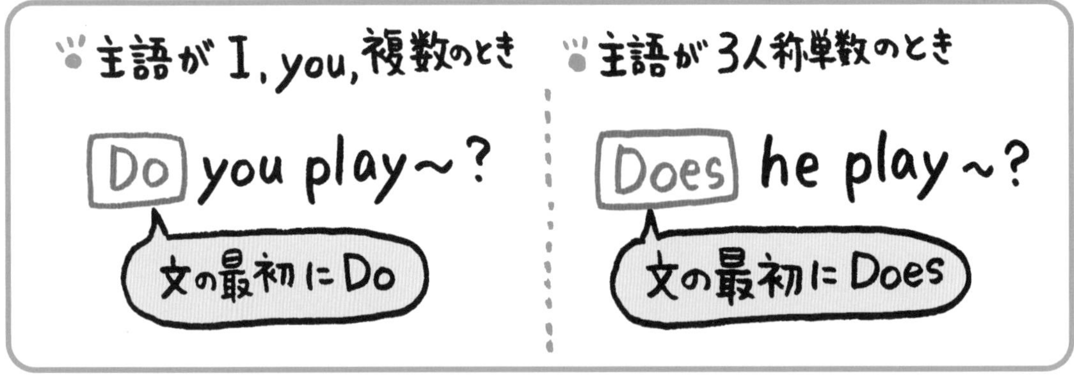

過去の文なら，Do/Does のかわりに **Did** を使えば OK です。

否定文と同じく，疑問文でも，動詞はいつも**原形**を使うことに注意しましょう。

Do you play ~?
Does he play ~?
sつけない
Did you play ~?
edつけない
疑問文では動詞はいつも原形！

基本練習

答えは別冊3ページ
答え合わせが終わったら，音声に合わせて英文を音読しましょう。

1 疑問文に書きかえましょう。

(例) You're busy.
→ **Are you busy?**

(1) Sushi is popular in America.

popular：人気がある

(2) They speak Japanese.

(3) Miki has a cell phone.

cell phone：携帯電話

(4) Kenta made this sandwich.

made：make（作る）の過去形　sandwich：サンドイッチ

2 英語にしましょう。

(1) テストは難しかったですか。

テスト：the test　難しい：difficult

(2) あなたのお兄さんはスポーツが好きですか。

あなたのお兄さん：your brother　スポーツ：sports

(3) 彼はきのう，学校に来ましたか。

ポイント 一般動詞の疑問文では be 動詞は使いません。× Are you play ～? などとしないようにしましょう。

復習テスト 1

➔答えは別冊14ページ

得点 ／100点

1 次の（　　）内から適するものを選び，○で囲みましょう。

【各5点　計30点】

(1) My father (like / likes / is likes) fishing.
つり

(2) My grandfather (isn't / don't / doesn't) have a car.
祖父

(3) (Is / Do / Does) your uncle live in Osaka?
おじ

(4) I (was study / was studied / studied) English last night.

(5) I (am not / was not / did not) watch TV yesterday.

(6) (Was / Were / Did) you go to the library last Saturday?
図書館

2 適する動詞を右から選び，必要があれば形を変えて（　　）に書きましょう。

【各5点　計20点】

see	read	say	clean

(1) 美樹は毎日自分の部屋をそうじします。
Miki (　　　　　　) her room every day.

(2) 彼は「それはいいね」と言いました。
He (　　　　　　), "That's great."

(3) 私は今朝，あなたのメールを読みました。
I (　　　　　　) your e-mail this morning.

(4) あなたはきのう，健太に会いましたか。
Did you (　　　　　　) Kenta yesterday?

3 次の日本文を英語にしましょう。

【各10点　計50点】

(1) 拓也（Takuya）は背が高いですか。

背が高い：tall

(2) 私の母は牛乳を飲みません。

飲む：drink　牛乳：milk

(3) 私はきのう，学校に行きませんでした。

きのう：yesterday

(4) 私は去年，この写真を撮りました。

写真：picture

(5) あなたがこの手紙を書いたのですか。

手紙：letter

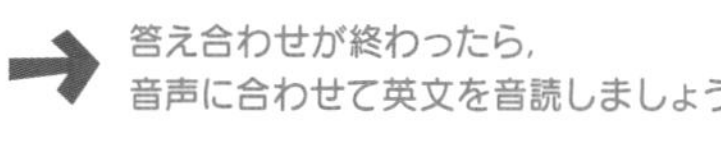

もっとくわしく

いろいろな動詞

いよいよ次のレッスンから中2の学習内容に入ります。その前に，中1でよく使われる基本動詞の意味をざっと確認しておきましょう。

□ ask	たずねる	□ build	建てる	□ buy	買う
□ call	呼ぶ，電話する	□ find	見つける	□ finish	終える
□ give	与える	□ hear	聞こえる	□ invite	招待する
□ join	参加する	□ learn	習う，覚える	□ leave	去る，出発する
□ lose	失う，負ける	□ meet	会う	□ need	必要とする
□ paint	（絵の具で）描く	□ sell	売る	□ send	送る
□ tell	伝える，言う	□ try	やってみる	□ use	使う

過去進行形の形と意味

06「過去進行形」とは？

「(今) ～しているところです」のように，「ちょうど今，している最中」であることを表すときは，be 動詞（am，is，are）のあとに動詞の ing 形（動詞の原形に ing をつけた形）を続けた，現在進行形の文を使うのでしたね。

「(そのとき) ～していました」のように，過去のある時に進行中だった動作を表すときは，**過去進行形**を使います。

過去進行形の文は，be 動詞の過去形 was，were のあとに，**動詞の ing 形**をおきます。現在形・現在進行形と，過去形・過去進行形を比べながら見てみましょう。

現在進行形の文と過去進行形の文のちがいは，**be 動詞**が**現在形**（am，is，are）か，**過去形**（was，were）かのちがいだけで，そのあとの動詞の ing 形の部分は同じです。

動詞の ing 形のつくり方は，大部分の動詞は，play → playing のようにそのまま ing をつけますが，そうではない動詞もあります。１年の復習をかねて，見てみましょう。

write（書く）⇒ writing　　run（走る）⇒ running
make（作る）⇒ making　　swim（泳ぐ）⇒ swimming

基本練習

答えは別冊３ページ
答え合わせが終わったら，音声に合わせて英文を音読しましょう。

07

1 英語にしましょう。

(1) 私はルーシー（Lucy）と走っていました。

(2) 私たちはいっしょにテレビを見ていました。

テレビを見る：watch TV　いっしょに：together

(3) 美香（Mika）は手紙を書いていました。

手紙を書く：write a letter

(4) 私の姉は，台所で料理をしていました。

私の姉：my sister　台所で：in the kitchen

(5) 彼らは図書館で勉強していました。

図書館で：in the library

(6) ２時間前，雨が降っていました。

雨が降る：rain

2 絵の人物に言うつもりで，ふきだしの内容を英語で表しましょう。

どうして練習に遅れたのか聞かれました。

ジョーンズ先生（Ms. Jones）と話してたんです。

ポイント　was, were のあとに ing 形がきます。

07 過去進行形の否定文・疑問文

過去進行形（否定文・疑問文）

過去進行形は be 動詞を使う文なので，否定文・疑問文のつくり方は，以前に学習した be 動詞の過去の否定文・疑問文とまったく同じです。

否定文は，was，were のあとに not を入れれば OK です。「～していませんでした」の意味です。短縮形は was not → wasn't，were not → weren't です。

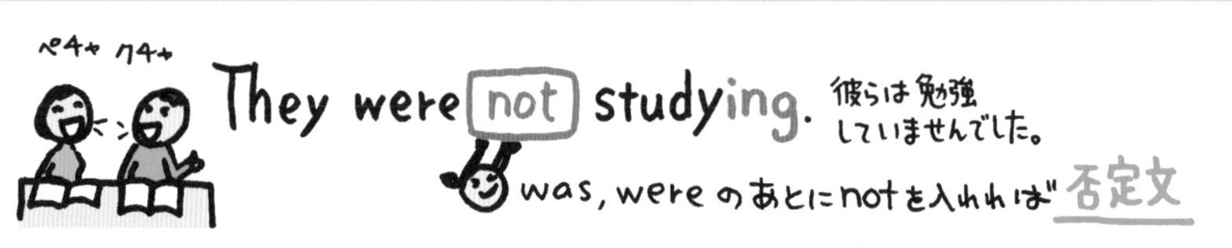

was，were で文を始めれば，「～していましたか」という疑問文になります。

ペチャ クチャ
They were not studying.
彼らは勉強していませんでした。
was, were のあとに not を入れれば否定文

疑問文に答えるときも，主語に合わせて was，were を使い分けます。

was, were で始めれば疑問文
Were you running?
走っていたの？
答え方
はい Yes, I was.
いいえ No, I was not.

以前に学習した，be 動詞の過去の疑問文をマスターしていれば簡単ですね。

「～は何をしていたのですか」は，What was[were] ～ doing? でたずねます。

この質問には，過去進行形の文で，「していたこと」を具体的に答えます。

What were you doing?
何してたの？
勉強だよ。
マンガ
I was studying.

基本練習

答えは別冊３ページ
答え合わせが終わったら，音声に合わせて英文を音読しましょう。

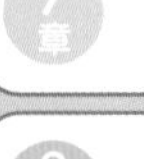

1 英語にしましょう。

(1) 健太（Kenta）はそのとき，勉強していませんでした。

(2) 彼らはねむっていませんでした。

ねむる：sleep

(3) 絵里（Eri）はそのときピアノを弾いていませんでした。

ピアノを弾く：play the piano

2 英語にしましょう。そのあとで，その質問に（　　）内の内容で答えましょう。

(1) あなたはバスを待っていたのですか。（→ はい）

～を待つ：wait for ～

→

(2) そのとき，名古屋（Nagoya）では雨が降っていましたか。（→ いいえ）

→

(3) あなたはそのとき何をしていたのですか。（→ テレビを見ていました）

→

ポイント 過去進行形の否定文・疑問文では was，were を使います。

08 There is ～. / There are ～. 「～があります」

ここからは，「…に～があります[います]」という言い方について学習します。

「机が（1つ）あります。」のように「～がある[いる]」と言うときは There is で文を始めます。

机（a desk）は There is のあとにきます。

（この There にはとくに意味はなく，There is のあとにくる物や人が文の主語になります。）

「部屋に机が（1つ）あります。」のように，「どこどこに」と場所を表す語句は，文の後ろにつけます。

単数の場合は There is を使いますが，複数の場合は There are を使います。

「～がありました[いました]」のように過去のことを表すときは，be 動詞を過去形の was，were に変えるだけです。

否定文は be 動詞（is，are，was，were）のあとに not を入れます。

基本練習

答えは別冊３ページ
答え合わせが終わったら，音声に合わせて英文を音読しましょう。

1 英語にしましょう。

(1) いすの上にねこが１ぴきいます。

(2) 箱の中にはたくさんの本が入っています。

たくさんの：a lot of ～

(3) 壁に１枚の絵がかかっています。

絵：a picture　壁に：on the wall

(4) ３年前は，私の家の近くに書店がありました。

______ three years ago.

書店：a bookstore

(5) この近くに病院はありません。

病院：a hospital　この近くに：near here

(6) カップの中にミルクがいくらか入っています。

いくらかのミルク：some milk　カップ：the cup

2 ふきだしの内容を英語で表しましょう。

新しい友達に，自分の家族のことを紹介しよう。

うちは６人家族です。

「私の家族には６人の人がいます。」と考えましょう。

ポイント 単数のときは There is[was] ～. を，複数のときは There are[were] ～. を使います。

09 There is[are] ~. の疑問文と答え方 「~がありますか」

「…に~がありますか[いますか]」とたずねるときは，be 動詞の疑問文と同じように be 動詞で文を始めて，Is there ~? や Are there ~? の形にします。

複数の Are there ~? には any がよく使われます。any は疑問文では「1つでも，少しでも」という意味になります。

Is there ~? や Are there ~? の疑問文には，Yes（はい）か No（いいえ）のあとに，there を使って答えます。

過去の疑問文は，Was there ~? や Were there ~? の形にします。「…に~がありましたか[いましたか]」という意味になります。答えの文にも Yes か No のあとに there を使い，be 動詞は過去形にします。

基本練習

答えは別冊４ページ
答え合わせが終わったら，音声に合わせて英文を音読しましょう。

過去進行形など

9 章

1 疑問文に書きかえましょう。

(1) There is a blue bag under the table.

blue：青い

(2) There was a library near the station.

station：駅

2 （　　）内の語を使って，英語にしましょう。そのあとで，その質問に ①はい と ②いいえ で答えましょう。

(例) この近くに郵便局がありますか。(is)
Is there a post office near here?
→ ① **Yes, there is.**　② **No, there isn't.**

(1) あなたの市には空港がありますか。 (is)

空港：an airport　市：city

→ ①　②

(2) その動物園にはたくさんの動物がいましたか。 (many)

動物：animal　動物園：zoo

→ ①　②

(3) 壁には絵がかかっていますか。 (any)

絵：picture　壁に：on the wall

→ ①　②

ポイント
There is[are] ～. の疑問文のつくり方は，be 動詞の文のときと同じです。
There is[are] ～. の疑問文は is，are で文を始めます。

復習テスト 2

答えは別冊14ページ

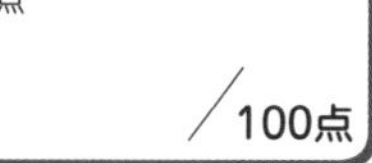

得点

／100点

2章 過去進行形など

1

（　　）内から適するものを選び，◯で囲みましょう。【各6点　計24点】

(1) There (has / is / are) a post office near his house.
郵便局

(2) There (is / are / have) twenty-two students in my class.

(3) (Do / Does / Are) there many cherry trees in the park?
桜の木

(4) They (was / were / did) watching TV then.

2

絵の内容に合うように，次の問いに英語で答えましょう。【各8点　計16点】

(1) Is there a guitar in the room?

----

(2) Are there any pictures on the wall?

3

次の英文を，（　　）内の指示にしたがって書きかえましょう。【各10点　計20点】

(1) There is a hospital next to the station.（疑問文に）

----

hospital：病院　　next to 〜：〜のとなりに

(2) I was sleeping then.（否定文に）

----

4 次の日本文を英語にしましょう。

【各 10 点　計 40 点】

(1) あなたはそのとき何をしていましたか。

(2) あそこに古い建物が１軒ありました。

古い建物：an old building　あそこに：over there

(3) 箱の中にはケーキが１つ入っていますか。

ケーキ：a cake

(4) 私の家には部屋が４つあります。

部屋：room

もっとくわしく

疑問詞を使う疑問文

「いくつの～がありますか」や「何人の～がいますか」のように，数をたずねるときは，how many で文を始めて，〈How many ＋複数名詞＋ are there ...?〉の形になります。

・How many English teachers are there in your school?
（あなたの学校には何人の英語の先生がいますか。）
— There are seven (teachers).（７人います。）

「～に何がありますか[いますか]」とたずねる文（What's[What is]で文を始めて，そのあとに場所[位置]を表す語句をおきます）に対して There is ～. や There are ～. で答えることがあります。

・What's on the table?（テーブルの上には何がありますか。）
— There's a computer.（コンピューターが１台あります。）
— There are two dictionaries.（辞書が２冊あります。）

10 be going toとは?

未来を表す文（be going to ～を使うとき）

未来を表す文を学習する前に，現在の文と過去の文を確認しておきましょう。

英語では，「毎朝走ります」などふだんのことを表すときは**現在形**，「先週ハワイに行きました」など過去のことを表すときは**過去形**と，動詞の形を変えて使いましたね。

未来のことを言うには，動詞の形を変える必要はありません。「明日～するつもりです」のように，**予定**や**計画**，**しようとしていること**を言うときは，動詞の前にbe going toを入れます。

（beとは，be動詞のことです。また，「明日」など未来を表す語句は，p.39を見ましょう。）

注意点は2つです。① be動詞は主語によってam，are，isを使い分けます。② toのあとの動詞はいつも原形にします。

基本練習

答えは別冊4ページ
答え合わせが終わったら，音声に合わせて英文を音読しましょう。

1 英語にしましょう。

(1) 私は明日，テニスをするつもりです。

_______________ tomorrow.
明日

(2) 美香（Mika）は来週，友達に会うつもりです。

_______________ next week.
～に会う：meet　（彼女の）友達：her friend　来週

(3) 彼はこの夏に中国を訪れる予定です。

_______________ this summer.
中国：China　この夏

(4) 私は今週末，買い物に行くつもりです。

____
買い物に行く：go shopping　今週末：this weekend

(5) 私の母は，今度の月曜日にコンサートに行く予定です。

____
コンサート：a concert　今度の月曜日：next Monday

(6) ジョンソンさん（Mr. Johnson）は来年，日本に来る予定です。

____
日本に来る：come to Japan　来年：next year

2 ふきだしの内容を英語で表しましょう。

今日このあとどうするか聞かれました。

家に帰ってこれを読むつもり。

____

____
go home(家に帰る)と read this(これを読む)を and でつなげましょう。

ポイント be動詞は am, are, is を使い分けます。going to のあとの動詞はいつも原形です。

11 be going to の否定文・疑問文

未来の否定文・疑問文（be going to ～のとき）

be going to ～は be 動詞を使う文なので，否定文・疑問文のつくり方は，中１で学習した be 動詞の文のときとまったく同じです。

否定文は，**be 動詞（am，are，is）**のあとに not を入れるだけです。
「～するつもりはありません」「～しないでしょう」という意味になります。

be 動詞で文を始めれば，「～するつもりですか」「～しますか」と，Yes か No かをたずねる疑問文になります。be 動詞は主語に合わせて使い分けてくださいね。

be going to ～の否定文・疑問文では，do，does，did は使いません。また，to のあとの動詞はいつも**原形**です。

基本練習

答えは別冊4ページ
答え合わせが終わったら，音声に合わせて英文を音読しましょう。

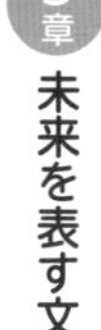

1 英語にしましょう。

(1) 私は今日，夕食を食べるつもりはありません。

食べる：have　夕食：dinner

(2) 彼女たちは放課後，バスケットボールをするつもりはありません。

バスケットボール：basketball　放課後：after school

2 英語にしましょう。そのあとで，その質問に ①はい と ②いいえ で答えましょう。

(例) あなたは放課後，テニスをするつもりですか。

Are you going to play tennis after school?

→ ① **Yes, I am.**　② **No, I'm not.**

(1) 彼は明日，ここへ来るつもりですか。

→ ①　②

(2) あなたは今夜，宿題をするつもりですか。

(あなたの) 宿題をする：do your homework　今夜：tonight

→ ①　②

(3) 彼らは8月に，オーストラリアを訪れるつもりですか。

オーストラリア：Australia

→ ①　②

ポイント 主語によって am, are, is を使い分けましょう。not は be 動詞のすぐあとに入れます。

12 疑問詞で始まる未来の疑問文 「何をするつもりですか」

「何？」と具体的に内容をたずねるときには，文の最初に疑問詞 What をおくのでしたね。これは，be going to を使う文でも同じです。

「何をするつもりですか」のように予定や計画をたずねるときには，疑問詞 What で文を始め，そのあとに are you going to do ～? などを続けます。

この質問には，be going to ～を使って，する内容を具体的に答えます。

What のほかに，When（いつ），Where（どこで），How long（どのくらいの期間），What time（何時に）などを使って，いろいろたずねてみましょう。

基本練習

答えは別冊4ページ
答え合わせが終わったら，音声に合わせて英文を音読しましょう。

1 英語にしましょう。

(1) あなたは明日，何をするつもりですか。

する：do

(2) 純（Jun）は今週末，何をする予定ですか。

(3) あなたはいつハワイ（Hawaii）を訪れるつもりですか。

(4) 彼はどこで泳ぐつもりですか。

(5) あなたは中国にどのくらい滞在する予定ですか。

滞在する：stay　中国に：in China

2 次の質問に英語で答えましょう。(　　) 内の内容を答えてください。

(1) What are you going to do tomorrow?
(→私は買い物に行くつもりです)

買い物に行く：go shopping

(2) Where is your sister going to visit this summer?
(→彼女はカナダを訪れる予定です)

カナダ：Canada

ポイント What are you going to do?（あなたは何をするつもりですか。）はよく使うのでこのまま覚えましょう。

13 willとは？

未来を表す文（willを使うとき）

be going to を使う以外にも，未来のことを表す言い方があります。

will という語を動詞の前に入れると未来のことを表す文になります。「～します」という意志や，「～でしょう」という予想を表します。

will は主語によって形が変わることはなく，あとの動詞はいつも**原形**を使います。

会話では，短縮形がよく使われます。右の例以外に，You'll，We'll，It'll，They'll があります。

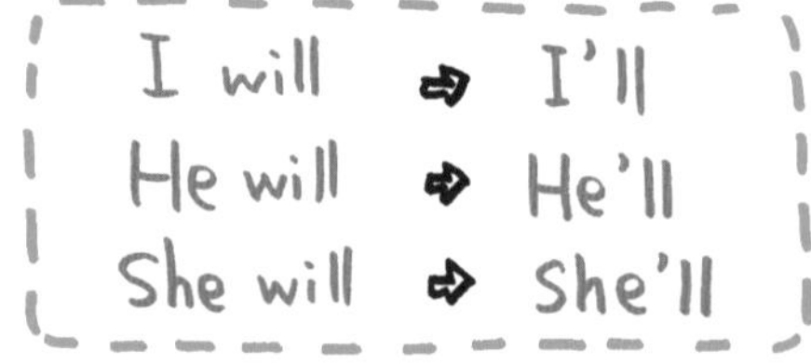

will も be going to ～もどちらも「未来」を表しますが，その意味はまったく同じというわけではありません。特に**予定**や**計画**，**しようとしていること**を言うときは be going to ～のほうを使います。また，その場の相手に対する**申し出**や**約束**のように，相手に自分の思いを表したい場合は will のほうを使います。

基本練習

答えは別冊５ページ
答え合わせが終わったら，音声に合わせて英文を音読しましょう。

1 英語にしましょう。

(1) あなたはよい先生になるでしょう。

よい先生：a good teacher

(2) 私が明日，彼に電話しますね。

(3) 私があなたといっしょに行きますよ。

～といっしょに：with

(4) 彼女は間もなくもどります。

もどる：be back　間もなく：soon

(5) 私たちは今日の午後はひまです。

ひまな：free　今日の午後：this afternoon

(6) 明日はくもりでしょう。

くもった：cloudy

2 ふきだしの内容を英語で表しましょう。

「荷物が重いわ」と言っています。

それ，持ちますよ。

「運ぶ」という意味の carry を使いましょう。

ポイント will は can と同じ「助動詞」なので，あとの動詞はいつも原形を使います。

14 未来の否定文・疑問文（will のとき）
will の否定文・疑問文

will を使って未来のことについて，「～しません」「～しないでしょう」と言うときは，動詞の前に will not（短縮形は won't）を入れます。

will を使って「～するでしょうか」「～しますか」とたずねるときは，will で文を始めます。たとえば，主語が you なら Will you ～？，he なら Will he ～？とします。

Will ～？の疑問文には，ふつう Yes, ～ will. または No, ～ will not. の形で答えます。will not は短縮形の won't がよく使われます。

will を使う文では，動詞はいつでも**原形**を使うという点にも注意してくださいね。

基本練習

答えは別冊5ページ
答え合わせが終わったら，音声に合わせて英文を音読しましょう。

1 will を使って，英語にしましょう。

(1) 私は今日はテレビゲームをしません。

テレビゲーム：video games

(2) 今夜，私は遅くならないでしょう。

遅くなる：be late

2 英語にしましょう。
そのあとで，その質問に ①はい と ②いいえ で答えましょう。

(例) あなたは今度の土曜日は家にいますか。

Will you be at home next Saturday?

→ ① **Yes, I will.**　② **No, I won't.**

(1) 勇太（Yuta）はあとで，健（Ken）に電話をするでしょうか。

電話をする：call　あとで：later

→ ①　②

(2) 鈴木先生（Ms. Suzuki）は，8時に来るでしょうか。

8時に：at eight

→ ①　②

(3) 明日は晴れるでしょうか。

晴れた：sunny

→ ①　②

ポイント will not の短縮形 won't は［ウォウント］のように発音します。

復習テスト 3

→答えは別冊15ページ

得点　　／100点

3章 未来を表す文

1 次の（　　）内から適するものを選び，○で囲みましょう。【各5点　計30点】

(1) I (will / going / am going) to visit my grandmother tomorrow.
grandmother：祖母

(2) The phone is ringing. I (am / going to / will) answer it.
phone：電話　ringing：鳴る　answer：(電話に) 出る

(3) We're going to (go / goes / going) to the mountains this summer.
mountains：山

(4) (Will / Is / Are) Miki and Mark going to swim at the beach?
beach：ビーチ

(5) Will she (be / is / was) a good tennis player?
player：選手

(6) Misa (won't / isn't / aren't) watch TV tonight.

2 次の質問に，（　　）内の内容で答える英文を書きましょう。【各5点　計20点】

(1) Is your sister going to buy a bike?　(→はい)

(2) Will Mr. Maeda come here later?　(→いいえ)

later：あとで

(3) What are you going to do this weekend, Kumi?　(→自分の部屋をそうじする)

(4) How long is Ms. Wilson going to stay in Canada?　(→3週間滞在する予定)

3 次の日本文を（　　）内の語数で英語にしましょう。 【各10点　計50点】

(1) 私が今すぐに，彼女に電話をしますね。（4語）

今すぐに，今：now

(2) 明日の朝は晴れるでしょうか。（6語）

晴れた：sunny　明日の～：tomorrow ～

(3) 私は来週，由香（Yuka）に会う予定です。（7語）

(4) あなたたちはどこでお昼を食べるつもりですか。（7語）

お昼を食べる：have lunch

(5) あなたのお父さんは明日は，車を洗う予定ですか。（9語）

（彼の）車を洗う：wash his car

17

➜ 答え合わせが終わったら，音声に合わせて英文を音読しましょう。

もっとくわしく

未来を表す語句

未来のことを表す文では，tomorrow や next ～ のような未来を表す語句が使われます。

- □ tomorrow　明日
- □ next ～　次の～，今度の～
- □ next Sunday　今度の日曜日　□ next week　来週　□ next month　来月
- □ next year　来年　□ next summer　今度の夏

未来を表す語句には，次のようなものもあります。

- □ someday　いつか　□ in 2050　2050年に　□ in the future　将来(は)

15 give, show などを使う文 「(人)に(物)をあげる」など

今回は,「(人)に～をあげる」や「(人)に～を見せる」などの言い方について学習します。

「彼にプレゼントをあげる」のように,**「(人)に～をあげる」**と言うときは, give を使います。give のあとに,「(あげる) 相手」→「(あげる) 物」を続けて言えば OK です。

「私にあなたの犬を見せてください。」のように,**「(人)に～を見せる」**と言うときは, show を使います。show のあとに,「(見せる)相手」→「(見せる)物」を続けます。

「(人)に～を話す[伝える]」は tell, **「(人)に～を送る」**は send を使います。あとには「人」→「こと」を続けます。

Please tell me the way.
話す,教える 〈人〉 〈教えること〉
私に道順を教えてください。

give, show, tell, send のあとは, つねに「人」→「物・こと」の順序です。「人」には me (私に), you (あなたに), him (彼に), her (彼女に) などがよく使われます。

基本練習

答えは別冊５ページ
答え合わせが終わったら，音声に合わせて英文を音読しましょう。

1章
2章
3章
4章 接続詞など
5章
6章
7章
8章
9章

1 （　）内の語句を並べかえて，英文を完成しましょう。

(1) あなたにプレゼントをあげましょう。
(a present / give / you)
I'll ＿＿＿＿＿＿＿＿＿＿＿＿＿＿＿＿.

(2) 私に駅へ行く道を教えてください。 (tell / the way / me)
Please ＿＿＿＿＿＿＿＿＿＿ to the station.
（～へ行く）道：way

(3) 美香（Mika）は私たちに何枚か写真を見せてくれました。
(us / some pictures / showed)
Mika ＿＿＿＿＿＿＿＿＿＿＿＿＿＿＿＿.
写真：picture

(4) 父は私に自転車をくれました。 (gave / a bike / me)
My father ＿＿＿＿＿＿＿＿＿＿＿＿＿＿＿＿.

(5) あなたのノートを私に見せてください。
(your notebook / show / me)
Please ＿＿＿＿＿＿＿＿＿＿＿＿＿＿＿＿.

2 ふきだしの内容を英語で表しましょう。

いっしょに撮った写真を友達に送りましょう。

写真，送るね。

＿＿＿＿＿＿＿＿＿＿＿＿＿＿＿＿

＿＿＿＿＿＿＿＿＿＿＿＿＿＿＿＿

「あなたに写真（the picture）を送ります。」と考えましょう。

ポイント 動詞のあとの代名詞は目的格（me, him, her などの形）になります。このような give, show などの文は「SVOO の文」と呼ばれることがあります。

16 call, make などを使う文
「AをBと呼ぶ」「AをBにする」

今回は，「AをBと呼ぶ」や「AをBにする」などの言い方について学習します。

「私たちはそれをハチ公と呼んでいる。」などのように，**「AをBと呼ぶ」**と言うときには，call を使います。call のあとに，「人・物」→「呼び方」を続けて言えば OK です。

また，**What do you call ～ in English?** は，「～を英語で何と呼びますか」という意味になり，英語での呼び方をたずねることができます。

「音楽は私たちを幸せにする。」などのように，**「AをBにする」**と言うときには，make を使います。make のあとに，「人・物」→「気持ち・ようす」などを続けます。

call や make のあとの順序を逆にしないように気をつけましょう。「人」には me（私を），you（あなたを），him（彼を），her（彼女を）などがよく使われます。

基本練習

答えは別冊5ページ
答え合わせが終わったら，音声に合わせて英文を音読しましょう。

1 （　）内の語句を並べかえて，英文を完成しましょう。

(1) 私たちはその犬をココ（Coco）と呼びます。
(the dog / we / call / Coco)

-----

(2) 音楽は私を幸せにします。
(me / makes / happy / music)

音楽：music

(3) そのニュースは彼女を悲しくさせました。
(her / made / the news / sad)

悲しい：sad

(4) 私は母を怒らせてしまいました。
(I / my mother / angry / made)

怒った：angry

(5) これを英語で何と呼びますか。
(call / you / what / this / do) in English?

----- in English?

英語で

2 ふきだしの内容を英語で表しましょう。

初対面の相手に自己紹介をしています。

私のことは「アキ（Aki）」と呼んでください。

このような call, make などを使う文は「SVOC の文」と呼ばれることがあります。

17 「時」を表す接続詞 接続詞 when

今回は，「～のとき…」という言い方について学習します。

「私が起きたとき，雨が降っていました。」のように言うときは，when を使います。このwhen は「いつ？」とたずねる疑問詞ではなく，**「～のとき…」**という意味の接続詞（文と文をつなぐ言葉）です。when のあとには〈主語と動詞〉を続けます。

上の文は，When I got up, it was raining. のように，when ～の部分を先に言うこともできます。次の英文でも確認しましょう。

疑問詞の when（いつ）と，接続詞の when（～のとき）のちがいを確かめましょう。

基本練習

答えは別冊6ページ
答え合わせが終わったら，音声に合わせて英文を音読しましょう。

1 英語にしましょう。

(1) 私が起きたとき，雪が降っていました。

It was snowing ______________________.
起きる：get up

(2) 私の母は若いころ，東京に住んでいました。

My mother lived in Tokyo ______________________.
若い：young

(3) 彼が私の名前を呼んだとき，私は音楽を聞いていました。

I was listening to music ______________________
呼ぶ：call

______________________.

(4) 私が家に帰ったとき，母はテレビを見ていました。

My mother was watching TV ______________________
家に帰る：get home

______________________.

(5) 私は子どものころ，歌手になりたかった。

______________________, I wanted to be a singer.
子ども：child

2 ふきだしの内容を英語で表しましょう。

きのう電話したのに，と言われました。

電話をくれたときは眠っていたんです。

____

____

「あなたが電話したとき」と考えましょう。「眠る」は sleep。

「～のとき」を表す When ～ が文の前半にくるときだけ，前半と後半をコンマ（,）で区切ります。

18 接続詞 that

接続詞 that の使い方

今回は，「～だと思う」「～だと知っている」のような言い方を学習します。

「英語は簡単です。」は，English is easy. ですね。では，「私は，英語は簡単だと思います。」は，どう言うでしょうか。

I think（私は思います）のあとに that **(～ということ)** を入れて，English is easy を続ければ OK です。

「私は～だと知っています」と言うときにも，that を使って I know that ～. と表すことができます。

この that は「あれ」という意味ではありません。I think や I know という〈主語と動詞〉のあとに，その中身を表す別の〈主語と動詞〉（English is easy など）をつなげる働きをする接続詞です。

that は，会話ではよく省略されます。省略しても意味は変わりません。

基本練習

答えは別冊6ページ
答え合わせが終わったら，音声に合わせて英文を音読しましょう。

9章

1 （　　）内の語句を並べかえて，英文を完成しましょう。

(1) 私は，この本はおもしろいと思います。
(that / interesting / I / is / think / this book)

おもしろい：interesting

(2) 私は，竜太（Ryuta）はスポーツが好きだと知っています。
(likes / know / I / sports / Ryuta / that)

----

(3) 私は，日本ではサッカーが人気があると思います。
(soccer / I / popular / think / is)

---------------------------------- in Japan.
人気のある：popular

2 英語にしましょう。

(1) 私は，兄が忙しいことを知っています。

----

(2) 私は，英語は難しいと思います。

難しい：difficult

(3) 私は，佐藤さん（Ms. Sato）が大阪の出身だと知っています。

～の出身である：be from ～

(4) 私たちにはもっと多くの時間が必要だと私は思います。

必要である：need　　もっと多くの時間：more time

ポイント
「～のとき」を表す when は接続詞の when，「～ということ」を表す that は接続詞の that と呼ばれ，あとには〈主語＋動詞〉のまとまりが続きます。

19 「条件」「理由」を表す接続詞
接続詞 if / because

「もし忙しければ，お手伝いします。」のように言うときは if を使います。if は**「もし～ならば」**という意味で，if のあとに「もし」の中身（条件）を言います。

「あなたが遅いので，彼は怒っています。」のように言うときは because を使います。because は**「～なので」「～だから」**という意味で，because のあとに「理由」を言います。

because は，Why ～？（なぜ～か）の質問に対して理由を答えるときにも使われます。Why ～？には，To ～. の形で目的を答えることもできます。〈→ p.68〉

基本練習

答えは別冊6ページ
答え合わせが終わったら，音声に合わせて英文を音読しましょう。

22

1章 2章 3章 4章 接続詞など 5章 6章 7章 8章 9章

1 英語にしましょう。

(1) あなたが遅いので，ブラウン先生（Mr. Brown）は怒っています。

Mr. Brown is angry ______________________.

遅い：late

(2) もしあなたがおなかがすいているのなら，私がサンドイッチを作りますよ。

I'll make sandwiches ______________________.

空腹の：hungry

(3) 健二はかぜをひいていたので学校に行きませんでした。

Kenji didn't go to school ______________________

かぜをひいている：have a cold

______________________.

(4) もし眠いなら寝てもいいですよ。

You can go to bed ______________________.

眠い：sleepy

(5) もしあなたにお時間があれば，私といっしょに来てください。

______________________, please come with me.

時間がある：have time

2 ふきだしの内容を英語で表しましょう。

自己紹介の最後に質問を受け付けましょう。

何か質問があれば聞いてください。

____

____

何か：any　質問：questions　私に聞く：ask me

ポイント If ～ や Because ～ が文の前半にくるときだけ，前半と後半をコンマ（,）で区切ります。

復習テスト 4

答えは別冊15ページ

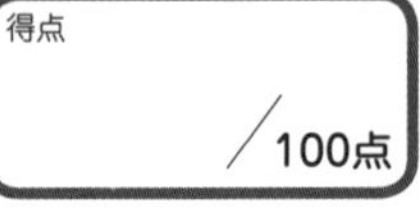
得点
／100点

4章 接続詞など

1

次の（　　）内から適するものを選び，○で囲みましょう。　【各5点　計20点】

(1) (When / Because / If) I got up, it was raining.

(2) Please give (I / my / me) some advice.
advice：アドバイス

(3) His name is Hirotaka. We call (he / his / him) Hiro.

(4) I'm sleepy (because / when / that) I went to bed at two.
sleepy：眠い

2

次の（　　）内の語句を並べかえて，英文を完成しましょう。　【各5点　計30点】

(1) 私は，数学はおもしろいと思います。　(math / that / interesting / think / is)

I ＿＿＿＿＿＿＿＿＿＿＿＿＿＿＿＿.

数学：math　おもしろい：interesting

(2) もしひまなら，私を手伝ってください。　(are / help / you / me / if / free)

Please ＿＿＿＿＿＿＿＿＿＿＿＿＿＿＿＿.

ひまな：free

(3) 彼女は彼が先生だと知っています。　(he / knows / a teacher / is)

She ＿＿＿＿＿＿＿＿＿＿＿＿＿＿＿＿.

(4) 彼女は私に彼女の日記を見せてくれました。　(diary / her / me / showed)

She ＿＿＿＿＿＿＿＿＿＿＿＿＿＿＿＿.

日記：diary

(5) そのニュースは私たちをうれしくさせました。　(us / the news / made / happy)

＿＿＿＿＿＿＿＿＿＿＿＿＿＿＿＿.

(6) 私は彼女に自分の名前を伝えました。　(my / I / told / her / name)

＿＿＿＿＿＿＿＿＿＿＿＿＿＿＿＿.

3 次の日本文を英語にしましょう。

【各10点　計50点】

(1) 今行けば，あなたはそのバスに間に合うでしょう。

You'll ____.

そのバスに間に合う：catch the bus

(2) 彼は忙しいので，パーティーに来られません。

He ____.

(3) 伊藤先生（Ms. Ito）は私たちにたくさんの宿題を与えました。

____

たくさんの：a lot of　宿題：homework

(4) 私は，学校で私たちにはコンピューターが必要だと思います。

____

必要である：need　コンピューター：computers　学校で：at school

(5) 伊藤先生（Mr. Ito）が教室に入ってきたとき，生徒たちは着席しました。

____ the classroom.

着席する：sit down（sit の過去形は sat）　～に入ってくる：come into ～

🎧23

➜ 答え合わせが終わったら，
音声に合わせて英文を音読しましょう。

もっとくわしく

「～と思いました」の文

「私は～だと思いました」「私は～だと知っていました」と過去のことについて言うときには，動詞の形に注意が必要です。that のあとに続く文の動詞も原則として過去形にします。

- I thought that my mother was busy.（私は母は忙しいと思いました。）
- I knew that Takuya liked dogs.（私は拓也が犬が好きだと知っていました。）
- I knew that she could swim fast.（私は彼女が速く泳げると知っていました。）
  └can の過去形

that に続く文に助動詞がある場合は，助動詞を過去形にします。

20 Can you ～? / Could you ～?
会話でよく使う助動詞 ①

Can you ～? は，もともとは「あなたは～できますか」とたずねる文ですが，**「～してくれますか」**と何かを依頼するときにもよく使われます。「～してくれる？」といった程度の気軽な言い方なので，あまりていねいな頼み方ではありません。

Can you ～? の can のかわりに could を使うと，**「～していただけますか」**のように，よりていねいな依頼の文になります。初対面の人や目上の人などに対して，控(ひか)えめに依頼したいときによく使います。

依頼の Can you ～? や Could you ～? に「はい」と答えるときには，ふつう Yes, I can. ではなく，Sure.（もちろん。）などの表現を使います。

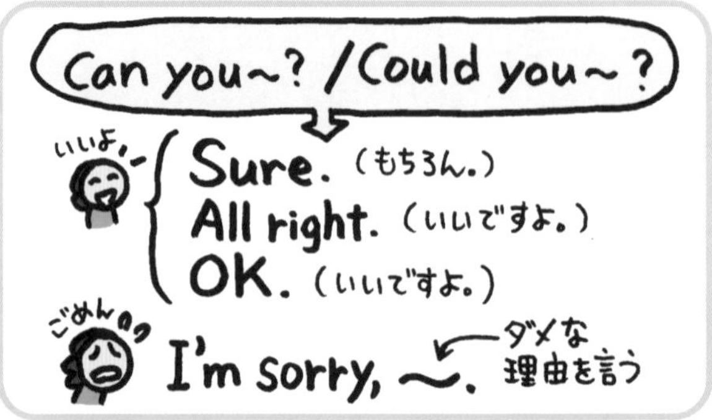

基本練習

答えは別冊６ページ
答え合わせが終わったら，音声に合わせて英文を音読しましょう。

1 （　）内の語を使って，英語にしましょう。

(1) こちらに来てくれますか。（can）

(2) 私を手伝っていただけますか。（could）

手伝う：help

(3) ここで待っていただけますか。（could）

待つ：wait　ここで：here

(4) 私のためにこれを読んでいただけますか。（could）

これを：this　私のために：for me

2 答え方として適する文を（　）内から選んで，○で囲みましょう。

A: Can you call me tonight, Aki?
（今夜，私に電話をしてくれますか，亜紀。）
B:（ Yes, please. / Sure. / Yes, let's. ）

3 ふきだしの内容を英語で表しましょう。

相手が早口で聞き取れませんでした。

すみません，もう一度言っていただけますか。

Sorry, で始めましょう。　もう一度言う：say that again

ポイント Could you ～? はいろいろな場面で幅広く使える，ていねいな依頼の表現です。しっかりマスターしましょう。

21 Will[Would] you ～? / May I ～?
会話でよく使う助動詞 ②

ここでは，will や may などを使った会話表現について学習します。

Will you ～? は，未来のことをたずねるとき（→ p.36）に使いますが，**「～してくれますか」**と依頼するときにも使われます。（「～してくれるかい」「～してちょうだい」のように，一方的な命令っぽく聞こえる場合もあるので，Can you ～? を使うほうが無難です。）

will のかわりに would を使うと，Will you ～? よりは控えめな依頼の文になります。（これもえらそうに聞こえる場合があるので，Could you ～? を使うほうが感じが良く，無難です。）

May I ～? は，**「～してもいいですか」**と許可を求めるときに使われます。Can I ～? よりもていねいな表現で，目上の人などに使います。

Will you ～?，Would you ～?，May I ～?，Can I ～? の答え方は，Can you ～? や Could you ～? と同じです。

基本練習

答えは別冊7ページ
答え合わせが終わったら，音声に合わせて英文を音読しましょう。

1 (　　) 内の語を使って，英語にしましょう。

(1) 私を手伝ってくれますか。　(will)

(2) 窓を閉めてもらえますか。　(would)

閉める：close

(3) ここに座ってもいいですか。　(may)

座る：sit　ここに：here

(4) あなたのコンピューターを使ってもいいですか。　(may)

使う：use　コンピューター：computer

(5) この電話を使ってもいいですか。　(may)

電話：phone

(6) 皿を洗ってくれますか。　(will)

皿を洗う：wash the dishes

2 ふきだしの内容を英語で表しましょう。

校長先生の部屋に入る前に声をかけましょう。

入ってもよろしいですか。

入る：come in

ポイント Can I ～? は「できるかどうか」を気軽にたずねる言い方です。一方で May I ～? は「よろしいですか？」のように，許可してくれるかどうか，相手の意向をたずねる言い方です。

22 have to ～ / has to ～の文 「～しなければならない」①

今回は，何か事情やルールがあって「～しなければならない」と伝える言い方を学習します。

「もう，家へ帰らなければならない」「ここでは，英語を話さなければならない」のように，**「～しなければならない」**と言うときは，動詞の前に**have to**を入れます。

have to ～の**have**は，「持っている」という意味の動詞ではありません。**have to**は「～しなければならない」という意味の熟語のようなものだと考えてください。

主語が３人称単数のときは**has**を使って**has to** ～と言います。

注意点は２つです。①主語によって**have**と**has**を使い分けます。② **to**のあとの動詞はいつも**原形**を使います。

基本練習

答えは別冊7ページ
答え合わせが終わったら，音声に合わせて英文を音読しましょう。

26

1章 2章 3章 4章 5章 助動詞 6章 7章 8章 9章

1 have to ～か has to ～を使って，英語にしましょう。

(1) 私は明日，5時に起きなければなりません。

(2) 彼は朝食を作らなければなりません。

朝食：breakfast

(3) 健太（Kenta）は病院に行かなければなりません。

病院：the hospital

(4) あなたはピアノを練習しなければなりません。

ピアノを練習する：practice the piano

(5) 私は今，宿題を終わらせなければなりません。

（私の）宿題を終わらせる：finish my homework

(6) あなたたちは，ここでは英語を使わなければなりません。

英語を使う：use English

2 ふきだしの内容を英語で表しましょう。

気づいたら，もう帰らないといけない時間です。

もう行かないと。

もう：now

ポイント have to の have は［ハフ］のように弱く発音されます。また，has to の has は［ハス］のように弱く発音されます。

23 have to の否定文・疑問文

have[has] to ～の否定文・疑問文

have to の前に **don't** か **doesn't** を入れると否定文になります。主語が３人称単数のときは **doesn't have to** です。has to は使いません。

否定文は，「～する必要はない」「～しなくてもよい」の意味になります。

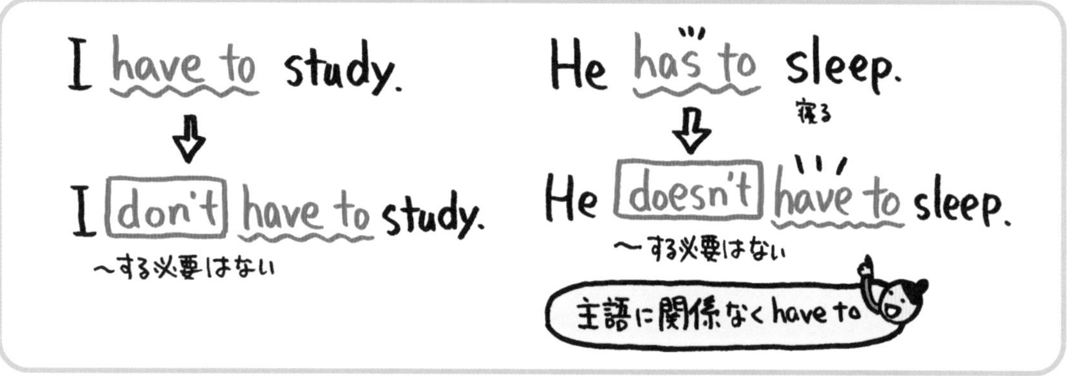

have to ～の疑問文は，一般動詞のときと同じように，**Do** か **Does** で文を始めます。主語が３人称単数のときは **Does … have to ～?** の形です。has to は使いません。

疑問文は，「～しなければなりませんか」の意味になります。

答え方も，ふつうの Do[Does] ～? の疑問文に答えるときと同じです。

No の答えは，**「その必要はない」「そうしなくてもよい」**の意味になります。

基本練習

答えは別冊７ページ
答え合わせが終わったら，音声に合わせて英文を音読しましょう。

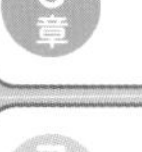
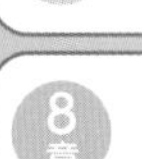

1 ⑴⑵は否定文に，⑶⑷は疑問文に書きかえましょう。

(1) You have to hurry.

hurry：急ぐ

(2) Yumi has to get up early tomorrow.

(3) You have to practice every day.

(4) Jim has to leave Japan next month.

leave：去る

2 英語にしましょう。
⑶はそのあとで，その質問に ①はい と ②いいえ で答えましょう。

(1) あなたはもう行かなければなりませんか。

もう：now

(2) 私は今日，宿題をする必要がありません。

（私の）宿題をする：do my homework

(3) 彼はそこで英語を話さなければならないのですか。

そこで：there

→ ①　　②

ポイント don't have to ～ は「～する必要はない」「～しなくてもよい」という意味になることに注意しましょう。

24 mustの文・mustの否定文 「〜しなければならない」②

「(どうしても)しなければ！」「しないわけにはいかない」という自分の思いを特に表したい場合には，have to 〜 ではなく must を使います。

must は１語で **「〜しなければならない」** という意味で動詞の原形の前に入れます。
must は主語が３人称単数であっても形は変わりません。

（must は，can や will などと同じ仲間の語（「助動詞」といいます）です。助動詞は，いつも動詞の前において使い，助動詞の文では，動詞は原形を使うという共通のルールがあります。）

must の否定文は，must のあとに not を入れます。must not の短縮形は mustn't となります。

must の否定文は，強い禁止を表し，**「〜してはならない」** という意味です。

否定の mustn't と don't have to は意味がちがうので気をつけましょう。

基本練習

答えは別冊7ページ
答え合わせが終わったら，音声に合わせて英文を音読しましょう。

28

1章 2章 3章 4章 5章 助動詞 6章 7章 8章 9章

1 must を使って，英語にしましょう。

(1) あなたは病院に行かなければなりません。

病院：the hospital

(2) あなたがたは，授業中は日本語を使ってはいけません。

授業中：in class

(3) あなたはペンで書かなければいけません。

ペンで書く：write with a pen

(4) あなたはこれらの絵にさわってはいけません。

さわる：touch　　絵：paintings

(5) 彼は今日は家にいなければなりません。

家にいる：stay home

2 ふきだしの内容を英語で表しましょう。

気づいたら遅刻ギリギリの時間です。

私たち，急がないと。

must を使って表しましょう。　急ぐ：hurry

ポイント
must not は「～してはならない」という禁止の意味になることに気をつけましょう。
mustn't は［マスント］のように発音します。

25 Shall I ～? / Shall we ～? など 「～しましょうか？」

ここでは，shall という語を使った会話表現について学習します。

Shall I ～? は，**「(私が)～しましょうか」**と申し出るときに使われます。子どもどうしではあまり使われない，比較的改まった言い方です。

Shall we ～? は，**「(いっしょに)～しましょうか」**と誘ったり，提案したりするときに使われます。これも，子どもどうしではあまり使われない改まった言い方です。

また，困ったことなどが発生して**「どうすればよいだろうか」**と言うときには，**What shall we[I] do?** と言います。

これも覚えておきましょう。

基本練習

答えは別冊8ページ
答え合わせが終わったら，音声に合わせて英文を音読しましょう。

1 英語にしましょう。

(1) お手伝いしましょうか。

手伝う：help

(2) いっしょに昼食をとりましょうか。

昼食：lunch　いっしょに：together

(3) 〈道に迷って〉私たちはどうしましょうか。

(4) あとであなたに電話しましょうか。

電話する：call　あとで：later

2 答え方として適する文を（　）内から選んで，◯で囲みましょう。

(1) Shall we go shopping tomorrow?
(明日，買い物に行きましょうか。)
—(Yes, please. / Yes, let's.)

(2) Shall I go with you?
(私があなたといっしょに行きましょうか。)
—(Yes, please. / Yes, I will.)

ポイント 「いっしょに〜しましょうか。」は Shall we 〜? のかわりに Why don't we 〜? などもよく使われます。

➔答えは別冊16ページ

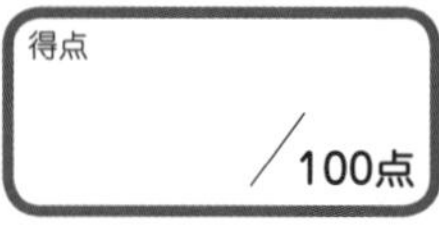

1 （　　）内から適するものを選び，〇で囲みましょう。

【各5点　計20点】

(1) I (can / have / must) to study math today.
　　math：数学

(2) You (aren't / don't / must not) have to eat it.
　　eat：食べる

(3) You (must / have / has) listen to your teacher.
　　listen：聞く

(4) He mustn't (swim / swims / swimming) here.

2 次の質問に対する答えの文として適するものを1つ選び，記号を〇で囲みましょう。

【各6点　計30点】

(1) Can I use your pencil?
ア Yes, I can.　イ OK.　Here you are.　ウ No, I can't.

(2) Do I have to go now?
ア Yes, I do.　イ No, thank you.　ウ No, you don't.

(3) Will you close the door?
ア Sure.　イ Yes, you will.　ウ No, I don't.

(4) Shall we go shopping?
ア Yes, we did.　イ No, you don't.　ウ Yes, let's.

(5) Could you help me with my homework?
ア Yes, please.　イ No, thank you.　ウ I'm sorry, but I'm busy today.

help（人）with ～：（人）の～を手伝う

3

次のような場合，相手にどう言えばよいですか。(　　) 内の語を使って，英文をつくりましょう。

【各10点　計50点】

(1) 「お手伝いしましょうか。」と，相手に申し出るとき。(shall)

(2) 相手の部屋に「入ってもいいですか。」と，許可を求めるとき。(may)

入る：come in

(3) 「窓を開けてくれる？」と，相手にお願いするとき。(can)

(4) 「心配する必要はありませんよ。」と，相手に言うとき。(have)

心配する：worry

(5) 「2時にここで会いましょうか。」と，相手に提案するとき。(shall)

ここで：here　会う：meet

30

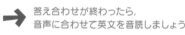

→ 答え合わせが終わったら，音声に合わせて英文を音読しましょう。

もっとくわしく

shouldの意味と使い方

助動詞のshouldは，「～したほうがよい」という意味です。軽い提案や，自分のおすすめを伝えるときに使うほか，「～すべきだ」という忠告やアドバイスを表すときにも使います。

◆「～したほうがよい」
- You should watch this video.　(この動画を見たほうがいいですよ。)
- Where should I get off the bus?　(どこでバスを降りるのがいいですか。)

◆「～すべきである」
- You should ask your mom first.　(最初にお母さんに聞くべきです。)
- You should be more careful.　(あなたはもっと注意深くあるべきです。)

また，Should I ～? の形で「(私が)～しましょうか」と申し出るときにも使われます。Shall I ～? よりも気軽な言い方です。

- Should I open the window?　(窓を開けましょうか。〈開けたほうがいいですか。〉)

26 「不定詞」とは？

不定詞の形と使い方

1つの文に動詞は1つ，というのが英語の文の原則でしたね。でも，それだと単純な内容の文しかつくれません。

I went to the library.
動詞　図書館に行きました。

例えば，上の「私は図書館に行きました。」という単純な文をレベルアップして，「私は勉強するために図書館に行きました。」と言いたいときに使うのが，今回から学習する「不定詞」です。

やり方は簡単で，上の文に「勉強するために」を表す to study を追加するだけです。

まじめじゃ〜ん
I went to the library to study.
くっつけるだけ！

この〈to＋動詞〉は**「不定詞」**といいます。不定詞を使うと，文全体の動詞（上の文では went）に情報をプラスできます。

上の文は，過去の文なのに，to のあとの動詞は study のままですね。〈to ＋動詞〉の動詞はどんなときでも**原形**のままです。

He visits Kyoto to see his sister.
×sees
文全体の動詞
×saw
I visited Kyoto to see my sister.
姉に会うために
主語や時(現在,過去など)がどんなときでもto＋動詞の原形！

不定詞は，「〜するために」のほかにも，「〜すること」「〜するための」などの意味を表します。くわしくは次回から学習しますので，今回は① 〈to ＋動詞〉で「〜するために」の意味を表せる，② to のあとの動詞はいつも原形 という2点をしっかり覚えてください。

基本練習

答えは別冊８ページ
答え合わせが終わったら，音声に合わせて英文を音読しましょう。

1 日本文に合う正しい英文を選び，記号を○で囲みましょう。

(1) 私は英語を勉強するために図書館へ行きます。

ア I go to the library to study English.

イ I go to the library study English.

(2) 彼はテニスをするために公園へ行きます。

ア He goes to the park to play tennis.

イ He goes to the park to plays tennis.

(3) 私は由香（Yuka）に会うために京都を訪れました。

ア I visited Kyoto to saw Yuka.

イ I visited Kyoto to see Yuka.

2 英文に（　　）内の情報をつけ加えて書きかえましょう。

(例) I went to the library.（+勉強するために）

I went to the library to study.

(1) He gets up early.（+朝食を作るために）

朝食：breakfast

(2) Kenta went home.（+テレビを見るために）

ポイント 動詞は本来，主語の人称や，現在か過去かによって形が「定まり」ます。不定詞はこれらの定めなく使われる形なので「不定」詞と呼ばれます。

27 不定詞の文（副詞的用法）「〜するために」

〈to＋動詞の原形〉（不定詞）を使うと，「車を買うために熱心に働く」「おばに会いに奈良を訪れた」のように**「〜するために」**という意味を表すことができます。

では，文のつくり方を確認しましょう。まず，文全体の動詞を使ってHe works hardやI visited Naraと言い，そのあとで「車を買うために」「おばに会いに」などの目的を，**〈to＋動詞の原形〉**を使ってあとにつけたせばOKです。

toのあとの動詞はいつも原形です。主語が3人称単数でも，過去の文でもこの形は変わりません。

また，Why 〜?（なぜ〜か）の質問に対して，〈To＋動詞の原形 〜.〉の形で目的を答えることもできます。

To cook breakfast. は，I got up early to cook breakfast. を省略した形です。

基本練習

答えは別冊８ページ
答え合わせが終わったら，音声に合わせて英文を音読しましょう。

1 英語にしましょう。

(1) 私は美術を勉強するためにパリに行きました。

I went to Paris ______________________ art.

美術

(2) 健太（Kenta）は先生になるために英語を勉強しています。

Kenta studies English ______________________.

〜になる：be

(3) 彼女はメールを書くためにこのコンピューターを使います。

She uses this computer ______________________.

メールを書く：write e-mails

(4) 私の兄は車を買うために熱心に働きました。

My brother worked hard ______________________.

熱心に

(5) 私は祖父に会うために福井（Fukui）を訪れました。

____

〜に会う：see　　祖父：my grandfather

2 次の質問に英語で答えましょう。（　　）内の内容を答えてください。

(1) Why did they go home? (→テレビを見るためです)

— ______________________

(2) Why did you get up early today? (→公園で走るためです)

— ______________________

「〜するために」を表す不定詞は副詞的用法と呼ばれます。

28 不定詞の文（名詞的用法）「〜すること」

〈to＋動詞の原形〉の使い方その２です。〈to＋動詞の原形〉は，**「〜すること」**という意味を表すことができます。like や want などの動詞のあとで使われます。

例えば like to 〜で **「〜するのが好きだ」** という意味になります。

want は「ほしがる，望む」という意味なので，want to 〜は「〜することを望む」→ **「〜したい」** という意味になります。

「〜すること」という意味の〈to＋動詞の原形〉は，ほかに右のような形でよく使われます。

start (begin) to 〜	〜し始める
try to 〜	〜しようとする
need to 〜	〜する必要がある
decide to 〜	〜する決心をする

基本練習

答えは別冊８ページ
答え合わせが終わったら，音声に合わせて英文を音読しましょう。

1 英語にしましょう。

(1) 私はたくさんの国を訪れたいです。

I want ______________________.

訪れる：visit　たくさんの国：many countries

(2) 私は将来，教師になりたいです。

I want ______________________.

教師：a teacher　将来：in the future

(3) 鈴木先生は写真を撮るのが好きです。

Mr. Suzuki likes ______________________.

写真を撮る：take pictures

(4) 私は手紙を書くことが好きではありません。

I don't like ______________________.

手紙を書く：write letters

(5) 彼は去年，日本語を勉強し始めました。

He started ______________________.

(6) 私は彼に英語で話しかけようとしました。

I tried ______________________.

～に話しかける：speak to ～　英語で：in English

(7) 私は鈴木先生（Mr. Suzuki）に電話する決心をしました。

I decided ______________________.

電話する：call

「～すること」を表す不定詞は名詞的用法と呼ばれます。

29 不定詞の文（形容詞的用法）「〜するための」

〈to＋動詞の原形〉の使い方その３です。〈to＋動詞の原形〉は，**「〜するための」「〜するべき」**という意味でも使われます。

例えば homework to do で「するべき宿題」，time to watch TV で「テレビを見るための時間」という意味になります。

homework（宿題）や time（時間）といった名詞に，うしろから説明をつけ加える形になっています。

something to 〜で，「何か〜する(ための)物」という意味を表します。例えば something to eat だと「何か食べる物」という意味になります。

ちなみに nothing は１語で「何も〜ない」という否定の意味（＝ not 〜 anything）を表します。（I have nothing to do. ＝ I don't have anything to do.）

基本練習

答えは別冊９ページ
答え合わせが終わったら，音声に合わせて英文を音読しましょう。

34

1 英語にしましょう。

(1) 私は今日，やるべき宿題がたくさんあります。

I have a lot of ______________________________ today.

(2) 彼女には本を読む時間がありません。

She doesn't have ______________________________.

本を読む：read books

(3) 京都には見るべき場所がたくさんあります。

There are many ______________________________ in Kyoto.

場所：places　見る：see

(4) もう寝る時間ですよ，健太。

It's ______________________________, Kenta.

寝る，就寝する：go to bed

(5) 私は何か飲む物がほしい。

I want ______________________________.

飲む：drink

(6) あなたは明日，何かやることがありますか。

Do you have ______________________________ tomorrow?

（疑問文で）何か：anything

2 ふきだしの内容を英語で表しましょう。

これからの予定を聞かれました。

今日は何もやることないよ。

____

____

ポイント 「～するための」を表す不定詞は形容詞的用法と呼ばれます。

30 「動名詞」とは？

動名詞の形と意味

英語で「～することが好きだ」と言うときには，**like to** ～を使えばよかったですね。これとほぼ同じ内容を，**動詞の ing 形**を使って表すこともできます。

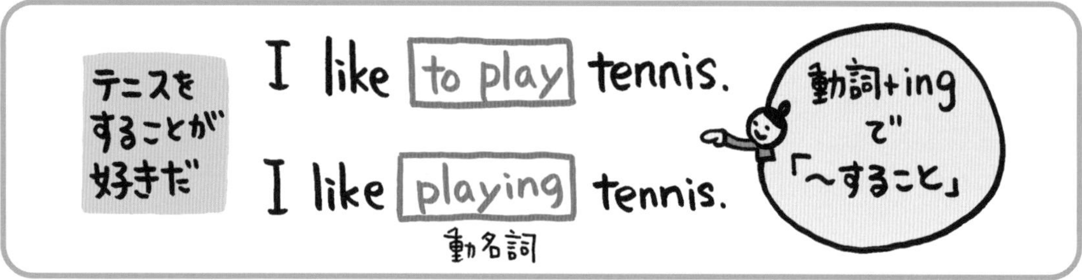

この ing 形は**「～すること」**という意味です。動詞を名詞として使うときの形なので，このような ing 形を**「動名詞」**といいます。

like のあとには to ～がくることも，～ing がくることもできますが，実は注意が必要な動詞があります。

右の３つの動詞のあとでは ing 形（動名詞）しか使えない，というルールがあります。

enjoy ～ing ⇨ ～するのを楽しむ

finish ～ing ⇨ ～し終える

stop ～ing ⇨ ～するのをやめる

「～するのを楽しむ」と言うときはいつも enjoy ～ing です。× enjoy to ～とは言えません。

反対に，「～したい」はいつも want to ～です。× want ～ing とは言えません。

「魚を料理することは簡単です。」のように言うときは，動名詞を文の主語にすることもできます。

基本練習

答えは別冊９ページ
答え合わせが終わったら，音声に合わせて英文を音読しましょう。

1 動名詞を使って，英語にしましょう。

(1) 私たちは放課後，テニスをして楽しみました。

____________________ after school.

楽しむ：enjoy

(2) 私の父は音楽を聞くのが好きです。

____

音楽を聞く：listen to music

(3) 彼女はその物語を読み終えました。

____

その物語：the story

(4) 友達をつくることは簡単です。

____

友達をつくる：make friends

2 [ ] から適するほうを選び，( ) に書きましょう。動名詞を使うか，不定詞を使うかに注意しましょう。

(1) 私は手紙を書き終えました。
I finished ( ) the letter.（letter：手紙）
[writing / to write]

(2) 彼はあなたに会いたがっています。
He wants ( ) you. [seeing / to see]

(3) 美咲（Misaki）と英太（Eita）はいっしょに楽しく勉強しました。
Misaki and Eita enjoyed ( ) together.（together：いっしょに）
[studying / to study]

(4) まんが本を読むのをやめなさい。
Stop ( ) the comic book.（comic book：まんが本）
[reading / to read]

ポイント 動名詞は，I'm good at playing the guitar.（私はギターを弾くのが得意です。）のように前置詞のあとでも使われます。

31 how to ～「～のしかた」

今回は，疑問詞の how（どう，どのように）と〈to ＋動詞の原形〉を組み合わせた表現を学習します。

〈how to ＋動詞の原形〉で，**「どのように～すればよいか」「～のしかた」**という意味を表します。何かのやり方を質問するときなどに使われる，便利な表現です。know や tell などの動詞のあとでよく使われます。

どこかへの行き方や道をたずねるときには，how to get to …（…への行き方）という表現がよく使われます。

この get to …は，「…へ到着する，たどり着く」という意味の熟語です。how to get to …で，「…へどのように行けばよいか」→「…への行き方」という意味になります。

基本練習

答えは別冊９ページ
答え合わせが終わったら，音声に合わせて英文を音読しましょう。

36

1 英語にしましょう。

(1) あなたはこの機械の使い方を知っていますか。

Do you know ______________________________?

使う：use　機械：machine

(2) 私はチェスのしかたを知りません。

I don't know ______________________________.

チェスをする：play chess

(3) 私にこの料理の作り方を教えてください。

Please tell me ______________________________.

作る：make　料理：dish

(4) 拓也（Takuya）の家への行き方を知っていますか。

Do you know ______________________________

拓也の家：Takuya's house

______________________________?

(5) 私はそこへの行き方を知りませんでした。

I didn't know ______________________________.

そこへ：there（1語で「そこへ，そこで」の意味なので，there の前に to は不要）

2 ふきだしの内容を英語で表しましょう。

道に迷ってしまいました。

駅への行き方を教えていただけますか。

____

____

Could you ～? でたずねましょう。

ポイント what to ～は「何を～すればよいか」という意味になります。I don't know what to do.（私は何をすればよいかわかりません。）となります。

復習テスト 6

➔答えは別冊16ページ

得点
／100点

6章 不定詞・動名詞

1 次の（　　）内から適するものを選び，〇で囲みましょう。 【各5点　計20点】

(1) My sister likes (play / to plays / to play) soccer.

(2) We enjoyed (to talk / talking / talked) about rock music.
rock music：ロック（音楽）

(3) Why did Miki get up so early?
— (Walk / To walk / Walking) her dog in the park.

(4) (Studying / Study / Studies) Japanese history is interesting.
Japanese history：日本史　interesting：おもしろい

2 次の文に，（　　）内の内容をつけ加えて書きかえましょう。 【各5点　計10点】

(1) I want some DVDs. （＋見るための）

見る：watch

(2) She is going to buy a computer. （＋ゲームをするために）

ゲームをする：play games

3 次の（　　）内の語を並べかえて，正しい英文にしましょう。 【各10点　計20点】

(1) Amy (something / wants / to) drink.

Amy ＿＿＿＿＿＿＿＿ drink.
drink：飲む

(2) (know / how / you / get / to / do) to the library?

＿＿＿＿＿＿＿＿ to the library?

4 次の日本文を英語にしましょう。

【各 10 点　計 50 点】

(1) 私たちはごみを減らす必要があります。

必要がある：need　減らす：reduce　ごみ：waste

(2) 彼女は先生になりたがっています。

なる：be

(3) 私はこのゲームのやり方を知りません。

（ゲームで）遊ぶ：play

(4) 私の兄はスキーをするためにカナダ（Canada）を訪れました。

スキーをする：ski

(5) 私たちにはするべき宿題がたくさんあります。

宿題：homework　「～があります」は「～を持っています」と考えましょう。

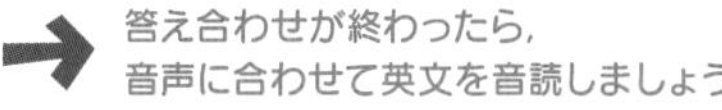

もっとくわしく

不定詞のいろいろな使い方

〈to ＋動詞の原形〉は，「～して うれしい」「～して 悲しい」などのように，感情の原因を表すこともあります。

- I'm happy to meet you.（あなたにお会いできてうれしいです。）
- I was sad to hear the news.（私はその知らせを聞いて悲しかった。）

〈It is … to ＋動詞の原形 ～.〉で，「～することは…だ」という意味を表します。

- It is important to help each other.（おたがいを助け合うことは大切です。）
- It was difficult for me to answer this question.
（この質問に答えることは私にとって難しかったです。）

32 比較級の文
「～よりも高い」などの言い方

ここからは，人や物を比べるときのいろいろな言い方を学習します。

英語では「背が高い」は tall，「速く」は fast ですが，何かと比べて「～よりももっと背が高い」や「～よりももっと速く」などと言うときには，これらの語の形を変える必要があります。

「もっと～」と言うときは，語尾に er をつけた形を使います。この形を **「比較級」** と言います。

tall → taller　　fast → faster
背が高い　もっと背が高い　　速く　もっと速く

「健よりも背が高い」「美佐よりも速く走る」などの「～よりも」は than（～よりも）で表します。

比較級のすぐあとに than ～を続ければ，比較する文のできあがりです。

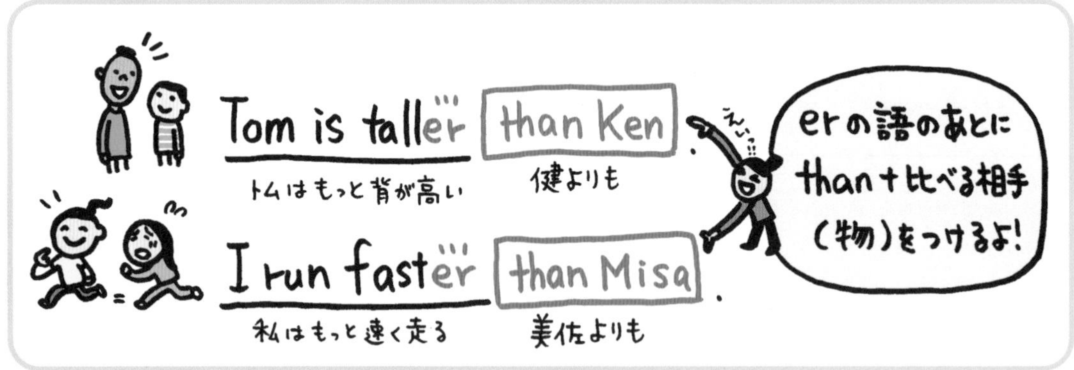

Tom is taller than Ken
トムはもっと背が高い
健よりも
I run faster than Misa.
私はもっと速く走る
美佐よりも
erの語のあとに than＋比べる相手(物)をつけるよ!

「AとBのどちらがより～ですか」とたずねるときは，「どちら」という意味の疑問詞 **Which** で文を始めて，最後に A or B? をつけ加えれば OK です。

Which is longer, April or May?
より長い　4月 か 5月
コンマ
4月と5月では，どちらが長いですか。

基本練習

答えは別冊9ページ
答え合わせが終わったら，音声に合わせて英文を音読しましょう。

1 [　　] 内の語を適する形に変えて（　　）に書きましょう。

(1) このコンピューターは，あのコンピューターよりも新しい。[new]
This computer is (　　　　　　) than that one.
one：もの（=computer）

(2) 浩二（Koji）は，お父さんよりも背が高い。[tall]
Koji is (　　　　　　) than his father.

(3) このバッグは私のよりも小さい。[small]
This bag is (　　　　　　) than mine.
mine：私のもの

2 英語にしましょう。

(1) 山田先生（Ms. Yamada）は私の母よりも年上です。
＿＿＿＿＿＿＿＿＿＿＿＿ than my mother.
年上の：old

(2) 3月は2月よりも長い。
March is ＿＿＿＿＿＿＿＿＿＿＿＿.
2月：February

(3) 富士山（Mt. Fuji）は浅間山（Mt. Asama）よりも高い。
＿＿＿＿＿＿＿＿＿＿＿＿
高い：high

(4) 翔太（Shota）は健二（Kenji）よりも速く走ります。
＿＿＿＿＿＿＿＿＿＿＿＿
速く：fast

3 ふきだしの内容を英語で表しましょう。

すごくほしいけど，サイズが大きすぎます。

もっと小さいのありますか？

＿＿＿＿＿＿＿＿＿＿＿＿

＿＿＿＿＿＿＿＿＿＿＿＿

「～なもの」を表す a ～ one を使いましょう。

ポイント　than を使ったら，比較級を使うのを忘れないようにしましょう。× Tom is tall than Ken. はまちがいです。

33 最上級の文 「～の中でいちばん…」の言い方

今回は，３つ以上を比べて「いちばん～」という言い方を学習します。

「いちばん～」と言うときは，語尾に est をつけた形を使います。この形を「最上級」と言います。最上級にはふつう the をつけます。

「３人の中でいちばん背が高い」「クラスの中でいちばん速く走る」などは，最上級のあとに，「～の中で」を表す of ～や in ～を続ければ OK です。

（He's the tallest person of the three.（いちばん背が高い人）のように，最上級のあとに名詞が続くこともあります。）

「～の中で」は，複数を表す語句なら of を使い，場所や範囲・グループのときは in を使います。

of＋複数を表す語句
of the five　5つ（5人）の中で
of all　すべて（みんな）の中で

in＋場所や範囲を表す語句
in Japan　日本（の中）で
in my family　家族（の中）で

最上級を使って，「どれ［どの…］がいちばん～ですか」とたずねるときは，Which で文を始めます。

Which animal is the strongest?
どの動物がいちばん強いですか。

基本練習

答えは別冊 10 ページ
答え合わせが終わったら，音声に合わせて英文を音読しましょう。

1 [　　] 内の語を適する形に変えて（　　）に書きましょう。

(1) このコンピューターは３つの中でいちばん新しい。[new]
This computer is the (　　　　　) of the three.

(2) 浩二（Koji）は家族の中でいちばん背が高い。[tall]
Koji is the (　　　　　) in his family.
family：家族

(3) このバッグは全部の中でいちばん小さい。[small]
This bag is the (　　　　　) of all.

2 英語にしましょう。

(1) 卓也（Takuya）はクラスでいちばん強い。
__________ in his class.
強い：strong

(2) 彼は４人の中でいちばん年下です。
He is the youngest __________ .

(3) 信濃川（the Shinano River）は日本でいちばん長いです。
The Shinano River is the longest __________ .

(4) 彼女は彼女のクラスでいちばん速く走りました。
____
走った：ran（run の過去形）

(5) どの山がいちばん高いですか。
____
山：mountain　高い：high

ポイント 「○人の中で」のように数を言うときには of ～を，「日本で」「クラスで」のように言うときは in ～を使います。

34 注意すべき比較変化 ①

比較級・最上級の変化に注意するもの

比較級には er をつけ，最上級には est をつけるのでしたね。

ふつうは語尾にそのまま er や est をつけますが，そうでないものもあります。

● large（大きい）のように e で終わる語には，r，st だけをつけます。

① r, st だけ
large 大きい − larger − largest

● busy（忙しい），easy（簡単な），happy（幸せな）は，最後の y を i に変えて er，est をつけます。

② y を i に変えて er, est
busy 忙しい − busier − busiest
easy やさしい − easier − easiest

● big（大きい）などは，最後の1文字を重ねて er，est をつけます。

③ 最後の1文字を重ねて er, est
big 大きい − bigger − biggest
hot 暑い − hotter − hottest

～er，～est ではなく，不規則な形に変化するものもあります。

不規則な形

good よい / well じょうずに } better − best

many 多数の / much 多量の } more − most

基本練習

答えは別冊 10 ページ
答え合わせが終わったら，音声に合わせて英文を音読しましょう。

比較の文

1 比較級と最上級を，それぞれ書きましょう。

	比較級		最上級
(1) hot（暑い） —	(　　　　)	—	(　　　　)
(2) easy（やさしい） —	(　　　　)	—	(　　　　)
(3) large（大きい） —	(　　　　)	—	(　　　　)
(4) good（よい） —	(　　　　)	—	(　　　　)
(5) many（多くの） —	(　　　　)	—	(　　　　)

2 英語にしましょう。

(1) 私の犬はあなたのよりも大きい。

大きい：big　あなたの：yours

(2) 大樹（Daiki）は私のいちばん仲のよい友達です。

仲のよい友達：good friend

(3) 阿部先生（Ms. Abe）は私たちの学校でいちばん忙しい先生です。

______ our school.

忙しい先生：busy teacher

(4) 中国（China）とカナダ（Canada）では，どちらのほうが広いですか。

広い：large

ポイント big − bigger − biggest と good − better − best は特によく使うのでしっかり書けるようにしておきましょう。

35 more・most を使う比較級・最上級 注意すべき比較変化 ②

比較級・最上級には，実はもう１つのパターンがあります。

popular（人気のある）には er や est はつけません。popular の比較級は more popular，最上級は most popular です。× popularer や × popularest はまちがいです。

er や est をつけない語は，popular のほかにもあります。まずは次の 10 語を覚えておきましょう。単語自体は変化させずに more（比較級）か most（最上級）をつけるだけで OK です。× difficulter などの形に変化させてはいけません。

more, mostをつける語
この10語をおぼえよう!
popular 人気のある
famous 有名な
difficult 難しい
important 重要な
interesting おもしろい
useful 役に立つ
beautiful 美しい
expensive 高価な
slowly ゆっくりと
quickly すばやく

ここで１つ注意点です。前回までに学習したふつうの単語には，more や most をつけてはいけません。

ふつうの単語は～er，～est の形に変化することを忘れないでください。

ふつうの語はあくまでもer, est
○ tall - taller - tallest
混同注意
× more tall
× most tall
はまちがい!

基本練習

答えは別冊 10 ページ
答え合わせが終わったら，音声に合わせて英文を音読しましょう。

比較の文

1 （　　）内の語を使って，日本語に合う文にしましょう。

(1) この本はあの本よりも難しい。(difficult)

This book is ＿＿＿＿＿＿＿＿ than that one.

(2) 鈴木先生(Mr. Suzuki)は学校でいちばん人気があります。(popular)

Mr. Suzuki is the ＿＿＿＿＿＿＿＿ in our school.

(3) この映画は３つの中でいちばんおもしろかった。(interesting)

This movie was the ＿＿＿＿＿＿＿＿ of the three.

2 英語にしましょう。

(1) この写真はあの写真よりも美しい。

写真：picture　美しい：beautiful

(2) この公園は，私たちの市の中でいちばん有名です。

有名な：famous

(3) 私は，国語がいちばん重要な教科だと思います。

私は～だと思う：I think (that) ～　国語：Japanese　重要な教科：important subject

3 ふきだしの内容を英語で表しましょう。

相手が早口で聞き取れません。

もっとゆっくり話していただけますか。

Could you ～？を使いましょう。

ポイント　more, most を使うのは一部の長めの語や，-ly で終わる語などです。big などふつうの語には使いません。× more big，× most big などとしないようにしましょう。

36 「…と同じくらい～」の言い方

as ～ as ... / not as ～ as ...

「…よりももっと～」は比較級を，「…の中でいちばん～」は最上級を使うのでしたね。では「…と同じくらい～」と言うときはどうするのでしょうか。

何かが，ほかの何かと「同じくらい～だ」と言いたいときは，as ～ as …の形を使います。

big や fast などの単語の形は変化させません。

as big as ～　～と同じくらい大きい
as fast as ～　～と同じくらい速く

例えば自分の犬の大きさについて，何かと「同じくらい大きい」と言いたいときには，as big as のあとに比べる相手を続ければ OK です。

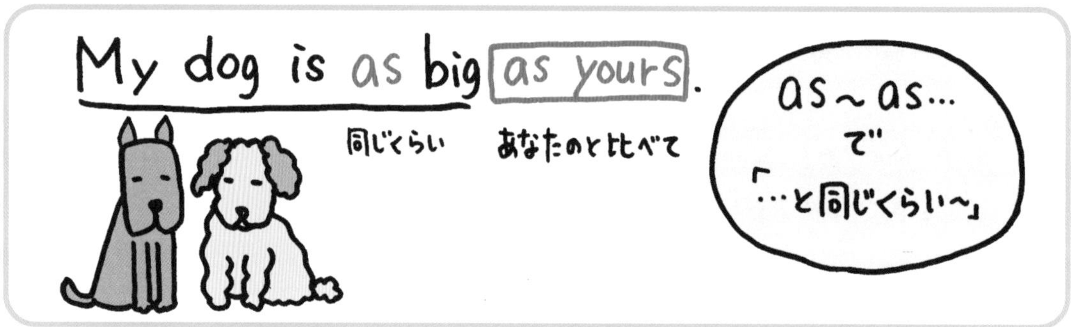

as ～ as …の否定文は not as ～ as …です。これは「…ほど～ではない」という意味になります。

例えば not as tall as …なら「…ほど背が高くはない」という意味になります。

上の文は，「私は久美よりも背が低い。」ということを表しています。

基本練習

答えは別冊 10 ページ
答え合わせが終わったら，音声に合わせて英文を音読しましょう。

1章 2章 3章 4章 5章 6章 7章 比較の文 8章 9章

1 （　　）内の語を使って，日本語に合う文にしましょう。

(1) 私は博（Hiroshi）と同じくらい速く走れます。（fast）

I can run ＿＿＿＿＿＿＿＿＿＿ Hiroshi.

(2) 私の姉は母と同じくらいの身長です。（tall）

My sister is ＿＿＿＿＿＿＿＿＿＿ my mother.

(3) 彼の自転車は私のほど新しくありません。（new）

His bike isn't ＿＿＿＿＿＿＿＿＿＿ mine.

bike：自転車　mine：私のもの

2 英語にしましょう。

(1) トム（Tom）は私の兄と同じくらいの年齢です。

＿＿＿＿＿＿＿＿＿＿ my brother.

年をとった，～歳の：old

(2) 私は姉ほど忙しくありません。

I'm not as busy ＿＿＿＿＿＿＿＿＿＿.

(3) 私のかばんはあなたのと同じくらい大きいです。

＿＿＿＿＿＿＿＿＿＿

あなたの：yours

(4) 絵美（Emi）は久美（Kumi）と同じくらいじょうずに泳げます。

＿＿＿＿＿＿＿＿＿＿

泳げる：can swim　じょうずに：well

(5) この本はあの本ほどおもしろくありません。

＿＿＿＿＿＿＿＿＿＿

おもしろい：interesting

ポイント not as ～ as …（…ほど～ではない）の意味に注意しましょう。

比較級の文 / 最上級の文 / as ～ as ... の文

37 比較の文の整理

いろいろな比較の文をもう一度確認しましょう。

比較級は er，最上級は est をつけるのが基本です。

ただし popular，difficult，interesting などは，単語の形自体は変化させずに，前に more，most をつけたものが比較級・最上級です。

good － better － best のように不規則に変化するものもあります。

形容詞・副詞	比較級（もっと～）	最上級（いちばん～）
□ long（長い）	longer	longest
□ large（大きい）	larger	largest
□ easy（やさしい）	easier	easiest
□ big（大きい）	bigger	biggest
□ popular（人気のある）	more popular	most popular
□ good（よい） □ well（じょうずに）	better	best

比較の文の形は，次のようになります。

…よりも～ 〈比較級＋ than …〉	A is longer than B. （AはBよりも長い。） A is more interesting than B. （AはBよりもおもしろい。）
…でいちばん～ 〈the ＋最上級＋ of[in] …〉	A is the longest of all. （Aはすべての中でいちばん長い。） A is the most interesting of all. （Aはすべての中でいちばんおもしろい。）
…と同じくらい～ 〈as ＋形容詞・副詞＋ as …〉	A is as big as B. （AはBと同じくらい大きい。）
…ほど～ではない 〈not as ＋形容詞・副詞＋ as …〉	A is not as big as B. （AはBほど大きくはない。）

基本練習

答えは別冊 11 ページ
答え合わせが終わったら，音声に合わせて英文を音読しましょう。

1 下線の語に（　　）内の情報をつけ加えて書きかえましょう。

(1) Your bag is big.（ ＋私のよりも ）

Your bag is ＿＿＿＿＿＿＿＿＿＿.

私の（もの）：mine

(2) Lake Biwa is a large lake.（ ＋日本でいちばん ）

Lake Biwa is ＿＿＿＿＿＿＿＿＿＿.

琵琶湖

(3) My camera is good.（ ＋このカメラよりも ）

My camera is ＿＿＿＿＿＿＿＿＿＿.

カメラ

(4) I can dance well.（ ＋美紀(Miki)と同じくらい ）

I can dance ＿＿＿＿＿＿＿＿＿＿.

踊る

(5) This is an important thing.（ ＋すべての中でいちばん ）

This is ＿＿＿＿＿＿＿＿＿＿.

すべて：all

(6) Baseball is popular in Japan.（ ＋バレーボールよりも ）

Baseball is ＿＿＿＿＿＿＿＿＿＿ in Japan.

バレーボール：volleyball

(7) She is a famous writer.（ ＋彼女の国でいちばん ）

She is ＿＿＿＿＿＿＿＿＿＿.

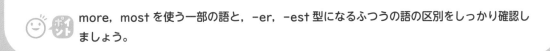

ポイント more，most を使う一部の語と，-er，-est 型になるふつうの語の区別をしっかり確認しましょう。

復習テスト 7

→答えは別冊17ページ

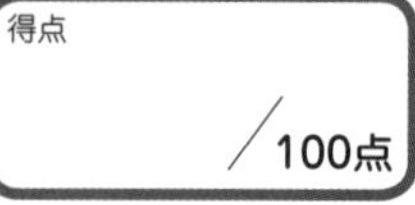

得点　／100点

7章 比較の文

1

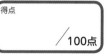

[　] 内の語を，必要なら適する形に変えて，(　) に入れましょう。ただし，1語とはかぎりません。 【各5点　計40点】

(1) This cell phone is (　　　　　) than my hand. [small]
（cell phone：携帯電話　hand：手）

(2) This question is the (　　　　　) of all. [easy]

(3) Kaoru speaks English (　　　　　) than Sayuri. [well]

(4) Soccer is as (　　　　　) as baseball in Japan. [popular]

(5) This book is (　　　　　) than that one. [interesting]

(6) It's (　　　　　) today than yesterday. [hot]

(7) Fall is the (　　　　　) season for reading. [good]
（Fall：秋　for reading：読書に）

(8) Your dog is (　　　　　) than mine. [big]

2

次の英文に (　) 内の意味を加えて書きかえましょう。 【各5点　計10点】

(1) This lake is deep.（＋琵琶湖（Lake Biwa）よりも）

(2) Soccer is a popular sport.（＋彼らの国でいちばん）

国：country

3 次の日本文を英語にしましょう。 【各 10 点　計 50 点】

(1) 彼は一郎（Ichiro）ほどうまく歌えません。

うまく：well

(2) 私のコンピューターは，あなたのよりも（処理速度が）速い。

速い：fast　あなたの：yours

(3) この映画は３つの中でいちばんおもしろい。

おもしろい：interesting

(4) 鈴木先生（Mr. Suzuki）は私の父と同じくらいの年齢です。

(5) ４つの中でどの国がいちばん広いですか。

国：country　広い：large

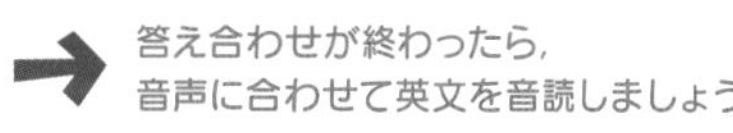

もっとくわしく

like ～ better, like ～ the best

「ＢよりもＡのほうが好きだ」と言うときは，better を使って，like A better than B の形で表します。

・I like winter better than summer.（私は夏よりも冬のほうが好きです。）

・Which do you like better, tea or coffee?
（あなたは紅茶とコーヒーでは，どちらのほうが好きですか。）

３つ以上の中で「～がいちばん好きだ」と言うときは，best を使って，like ～（the）best of[in] … の形で表します。

・I like science（the）best of all subjects.
（私はすべての教科の中で理科がいちばん好きです。）

・What sport do you like（the）best?（あなたは何のスポーツがいちばん好きですか。）

38 「受け身」とは？

受け身（受動態）の意味と形

ここからは，**「受け身」**の文について学習します。

「受け身」とは，「○○は**～される**」「○○は**～された**」のような言い方のことです(受動態ともいいます)。ふつうの文と比べてみましょう。

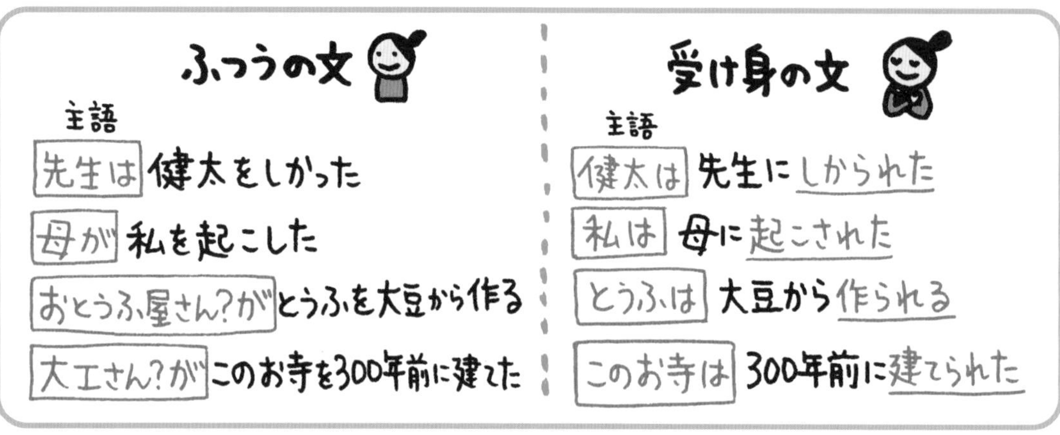

「主語が何かをする」のがふつうの文，「主語が何かをされる」のが受け身です。

ここで，「英語の文には主語が必要」という原則を思い出してください。左側のふつうの文では，「とうふ」や「お寺」の話をするときも，だれかを主語にしなければ文が作れません。受け身は，そんなときに特に便利な言い方です。

受け身の文では**be動詞**を使い，そのあとに**過去分詞**（動詞から変化した形のひとつ。次回くわしく学習します）を続けます。

「～されます」（現在）なら**be動詞の現在形**（am, is, are）を,「～されました」（過去）なら**be動詞の過去形**（was, were）を使います。

基本練習

答えは別冊 11 ページ
答え合わせが終わったら，音声に合わせて英文を音読しましょう。

1 英語にしましょう。

「(主語) は〜される，〜された」という受け身の文であることに注意しましょう。

(1) この部屋は毎日そうじされます。

This room ＿＿＿＿＿＿＿＿ every day.

そうじする (clean) の過去分詞：cleaned

(2) このコンピューターはたくさんの国で使われています。

This computer ＿＿＿＿＿＿＿＿ in many countries.

使う (use) の過去分詞：used

(3) とうふは大豆から作られます。

Tofu ＿＿＿＿＿＿＿＿ from soybeans.

作る (make) の過去分詞：made　　soybeans：大豆

(4) 私の家は 1950 年に建てられました。

My house ＿＿＿＿＿＿＿＿ in 1950.

建てる (build) の過去分詞：built

(5) ワールドカップは去年開催されました。

The World Cup ＿＿＿＿＿＿＿＿ last year.

開催する (hold) の過去分詞：held

2 ふきだしの内容を英語で表しましょう。

外国のお客さんと美術館に来ています。

この絵は 400 年前に描かれました。

＿＿＿＿＿＿＿＿＿＿＿＿＿＿＿＿

＿＿＿＿＿＿＿＿＿＿＿＿＿＿＿＿

絵：picture　描く(paint)の過去分詞：painted

ポイント　受け身は受動態とも呼ばれますが，これに対して受け身ではないふつうの文は能動態と呼ばれます。

1章 2章 3章 4章 5章 6章 7章 8章 受け身 9章

39 「過去分詞」とは？

過去分詞

受け身の文で be 動詞とセットで使われる「**過去分詞**」とは何でしょうか。

過去分詞とは，動詞から変化した形のひとつで，「〜される」「〜された」という意味があります。初めて学習する形ですが，全部を新しく暗記する必要はありません。なぜなら，**大部分の過去分詞は，動詞の過去形とまったく同じ形**だからです。

原形
過去形
過去分詞
play - played - played
use - used - used
make - made - made
build - built - built
大部分の過去分詞は過去形とおんなじ！
な〜んだ

ただし，過去形と過去分詞がちがうものが少しだけあります（**不規則動詞のうちの一部**だけです）。中学範囲では，まず次の 12 語を覚えておきましょう。

過去形とちがう過去分詞

この12語をおぼえよう！

原形	過去形	過去分詞
speak（話す）	spoke	spoken
see（見える）	saw	seen
give（与える）	gave	given
do（する）	did	done
eat（食べる）	ate	eaten
come（来る）	came	come
write（書く）	wrote	written
know（知っている）	knew	known
take（取る）	took	taken
break（こわす）	broke	broken
go（行く）	went	gone
become（〜になる）	became	become

（過去分詞が過去形とちがう動詞はこれ以外にもあります。余裕がある人は巻末の表で学習しましょう。）

基本練習

答えは別冊 11 ページ
答え合わせが終わったら，音声に合わせて英文を音読しましょう。

1 (　) 内の動詞を適する形に変えて (　) に書きましょう。

(1) この機械は日本で作られました。(make)
This machine was (　　　　　) in Japan.
機械

(2) 100 人以上がそのパーティーに招待されました。(invite)
More than 100 people were (　　　　　) to the party.
～より多くの

(3) 彼女はみんなに愛されています。(love)
She is (　　　　　) by everyone.
～によって

(4) この本は夏目漱石によって書かれました。(write)
This book was (　　　　　) by Natsume Soseki.

(5) スペイン語はたくさんの国で話されています。(speak)
Spanish is (　　　　　) in many countries.
スペイン語

(6) これらの写真は 1990 年に撮られました。(take)
These pictures were (　　　　　) in 1990.

(7) 彼は偉大な科学者として知られています。(know)
He is (　　　　　) as a great scientist.
～として　偉大な　科学者

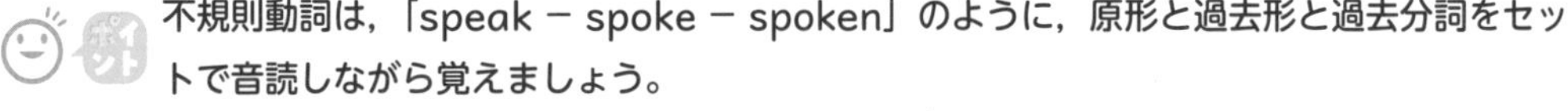
不規則動詞は，「speak − spoke − spoken」のように，原形と過去形と過去分詞をセットで音読しながら覚えましょう。

40 受け身の否定文・疑問文

受け身（受動態）の否定文・疑問文

受け身は be 動詞を使う文なので，否定文・疑問文のつくり方は，中１で学習した be 動詞の否定文・疑問文と同じです。

否定文は，**be 動詞**のあとに **not** を入れれば OK です。「～されません」「～されませんでした」という意味になります。

be 動詞で文を始めれば，「～されますか」「～されましたか」という疑問文になります。ふつうの be 動詞の疑問文への答え方と同じで，be 動詞を使って答えます。

受け身は be 動詞を使う文なので，**do，does や did は使いません**。受け身ではない一般動詞の否定文・疑問文と混同しないように注意してください。

基本練習

答えは別冊 11 ページ
答え合わせが終わったら，音声に合わせて英文を音読しましょう。

8章 受け身

1 (　　) 内の動詞を使って英語にしましょう。

(1) このゲームは日本では販売されていません。(sell)

____________________ in Japan.

ゲーム：game　売る（sell）の過去分詞：sold

(2) 私はそのパーティーに招待されませんでした。(invite)

____________________ to the party.

(3) 彼はだれにも見られませんでした。(see)

____________________ by anyone.

見る（see）の過去分詞：seen　anyone：だれも

2 (　　) 内の動詞を使って英語にしましょう。そのあとで，その質問に ①はい と ②いいえ で答えましょう。

(例) すしはあなたの国で食べられていますか。(eat)

Is sushi eaten in your country?

→ ① **Yes, it is.**　② **No, it isn't.**

(1) あなたの国ではフランス語は話されていますか。(speak)

____________________ in your country?

フランス語：French

→ ① __________　② __________

(2) この部屋はきのう，そうじされましたか。(clean)

____________________ yesterday?

→ ① __________　② __________

(3) この写真は先週撮られたのですか。(take)

____________________ last week?

写真：picture

→ ① __________　② __________

ポイント　受け身の文も，基本的には「be 動詞の文」です。否定文・疑問文のつくり方も同じです。

41 受け身（受動態）の文のまとめ
受け身の文とふつうの文の整理

受け身の文についてひととおり学習しました。ここで，特にまちがえやすいポイントを確認しておきましょう。

まず，受け身の文は，**be 動詞と過去分詞をセットで使う**ということに注意してください。

過去分詞だけでは文をつくれません。be 動詞を忘れないようにしてください。

「英語はたくさんの国で話されています。」

× English spoken in many countries.

be動詞が必要!

○ English is spoken in many countries.

受け身を学習すると，受け身ではない一般動詞の文にも be 動詞をつけてしまう人がいます。

受け身ではない一般動詞の文には，be 動詞をつけてはいけません。混同しないようにしましょう。

「私はテニスをしました。」

× I was played tennis.

受け身じゃないなら be動詞はつけない!

○ I played tennis.

受け身の否定文・疑問文では be 動詞を使います。

しかし，受け身ではない一般動詞の否定文・疑問文の場合は，be 動詞ではなく do，does，did を使うのでしたね。これも混同しないようにしてください。

受け身の文
「あなたは招待されましたか。」
Were you invited?
be動詞を使う
受け身ではない文
「あなたは彼を招待しましたか。」
Did you invite him?
Do, Does, Didを使う
原形!

基本練習

答えは別冊 12 ページ
答え合わせが終わったら，音声に合わせて英文を音読しましょう。

1 （　）内から適するほうを選び，（　）に書きましょう。
受け身の文なのか，そうでないのかに注意しましょう。

(1) この寺は去年，建てられました。 [built / was built]
This temple（　　　　　　　）last year.
temple: 寺

(2) 私の母がこのドレスを作りました。 [made / was made]
My mother（　　　　　　　）this dress.
dress: ドレス

(3) 彼は私にメールを送りました。 [sent / was sent]
He（　　　　　　　）me an e-mail.

(4) 台所はそうじされませんでした。 [was / did]
The kitchen（　　　　　　　）not cleaned.

(5) 私は健太を招待しませんでした。 [wasn't / didn't]
I（　　　　　　　）invite Kenta.

(6) 彼女の本はだれにも読まれませんでした。 [wasn't / didn't]
Her book（　　　　　　　）read by anyone.
anyone: だれも

(7) 彼女がこの絵を描いたのですか。 [Was / Did]
（　　　　　　　）she paint this picture?

(8) あなたがこの手紙を書いたのですか。 [Were / Did]
（　　　　　　　）you write this letter?

(9) この写真はここで撮られたのですか。 [Was / Did]
（　　　　　　　）this picture taken here?

進行形は〈be 動詞＋ ing 形〉，受け身は〈be 動詞＋過去分詞〉ですが，ふつうの一般動詞の文では be 動詞は使いません。中１で習った基本をもう一度思い出しましょう。

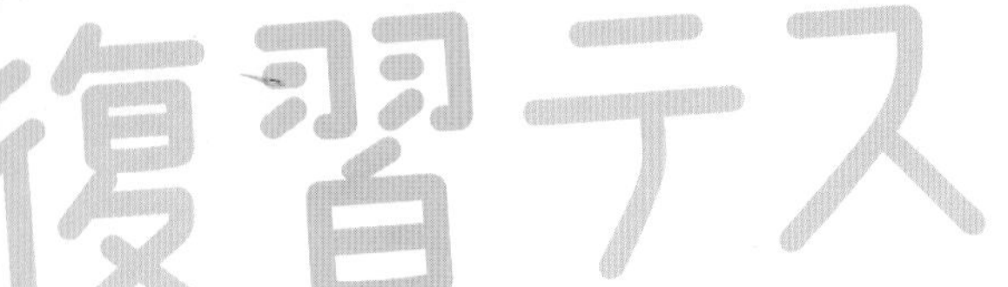

➜ 答えは別冊17ページ

得点
／100点

8章 受け身

1 次の（　　）内から適するものを選び，〇で囲みましょう。【各5点　計25点】

(1) Soccer (plays / played / is played) in many countries.

(2) This picture (paints / painted / was painted) 100 years ago.

(3) This room (doesn't / didn't / wasn't) cleaned yesterday.

(4) (Do / Does / Is) French taught at your school?
French：フランス語

(5) (Did / Was / Were) you invited to her birthday party?

2 次の［　　］内の動詞を適する形に変えて（　　）に入れましょう。【各5点　計25点】

(1) Our website is (　　　　　　　) by over 100 people every day.　［ visit ］
website：ウェブサイト　over：～をこえる

(2) This castle was (　　　　　　　) in the 14th century.　［ build ］
castle：城　century：世紀

(3) His novels are (　　　　　　　) by a lot of young people.　［ read ］
novels：小説

(4) Three people were (　　　　　　　) in the accident.　［ kill ］
accident：事故

(5) The first Tokyo Olympic Games were (　　　　　　　) in 1964.　［ hold ］
Tokyo Olympic Games：東京オリンピック

3 次の日本文を英語にしましょう。

【各 10 点　計 50 点】

(1) このコンピューターは 20 年前に作られました。

コンピューター：computer

(2) 彼はみんなに愛されています。

みんな：everyone

(3) 英語はたくさんの国で話されています。

たくさんの国：many countries

(4) この本は有名な歌手によって書かれました。

有名な歌手：a famous singer

(5) この部屋はもう使われていません。

もう：anymore

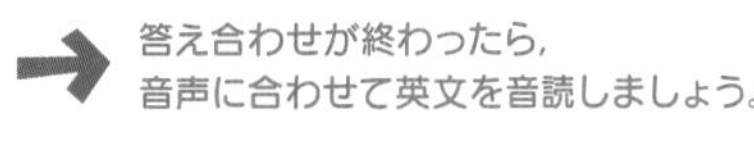

もっと くわしく

受け身のいろいろな疑問文

受け身の疑問文は，What などの疑問詞と組み合わせていろいろなことをたずねることができます。

- What language is spoken in Singapore?　(シンガポールでは何語が話されていますか。)
- When was this statue made?　(この像はいつ作られたのですか。)　statue：彫像
- Where was this picture taken?　(この写真はどこで撮られたのですか。)
- How many people are needed?　(何人が必要とされているのですか。)　need：必要とする

42 現在完了形の基本的な意味 「現在完了形」とは？

現在完了形(げんざいかんりょうけい)は，**have** と**過去分詞**（→ p.96）を使う言い方です。どんな意味を表すのか，まずは過去形と比べてみましょう。

左の人は「過去に住んだ」と言っているだけです。たぶん今は東京に住んでいません。それに対して右の人は現在完了形を使うことで,「２年間住んだ」ということだけでなく,「**今も**東京に住んでいる」ということも同時に伝えているのです。

過去形は「過ぎ去ったこと」を表すときに使いますが，それに対して現在完了形は，過去からつながっている「今の状態」を言うときに使われます。例えば右の文は「**今**,〈２年間東京に住んだ〉**という状態にある**」という感覚です。

次回から，現在完了形の具体的な使い方を少しずつ学習していきましょう。

基本練習

答えは別冊 12 ページ
答え合わせが終わったら，音声に合わせて英文を音読しましょう。

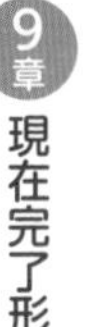

1 **だれかが英語で次のように言ったとき，そこから読み取れる内容として正しいほうを○で囲みましょう。**

(1) I lived in Japan for three years.

→この人は日本に［ 今もまだ住んでいる ／ たぶんもう住んでいない ］。

(2) I have lived in Japan for three years.

→この人は日本に［ 今もまだ住んでいる ／ たぶんもう住んでいない ］。

(3) I worked here for 20 years.
work：働く

→この人はここで［ 今もまだ働いている ／ もう働いていないかもしれない ］。

(4) I have worked here for 20 years.

→この人はここで［ 今もまだ働いている ／ もう働いていないかもしれない ］。

(5) I arrived at the station at 9:00.
arrive at ～：～に到着する

→この人は［ たぶん今もまだ駅にいる ／ もう駅にはいないかもしれない ］。

(6) I have just arrived at the station.

→この人は［ たぶん今もまだ駅にいる ／ もう駅にはいないかもしれない ］。

(7) David lost his camera.
lost：lose（失う）の過去形・過去分詞

→カメラは［ まだ見つかっていない ／ もう見つかったかもしれない ］。

(8) David has lost his camera.

→カメラは［ まだ見つかっていない ／ もう見つかったかもしれない ］。

ポイント 現在完了形は現在形の一種です。過去のこととつながりのある「現在の状態」を伝える言い方です。

43 継続を表す文 現在完了形の使い方 ①

現在完了形は，過去からつながっている「今の状態」を言うときの表現です。**「(今まで)ずっと～している」**と言うときには**現在完了形**（have ＋過去分詞）を使います。

be 動詞にも過去分詞があります。be 動詞の過去分詞は been です。

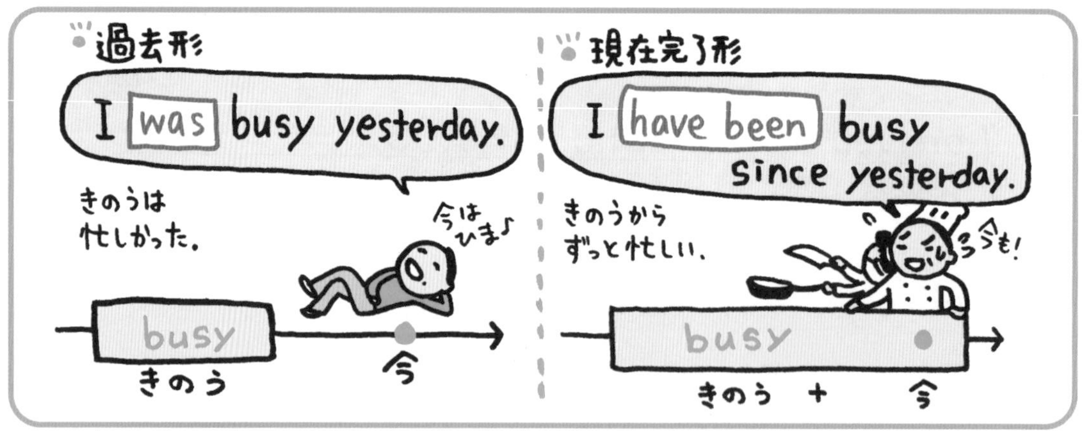

続いている**期間の長さ**を伝えるときには for ～（～の間）を使います。

始まった時期がいつなのかを伝えるときには since ～（～以来）を使います。

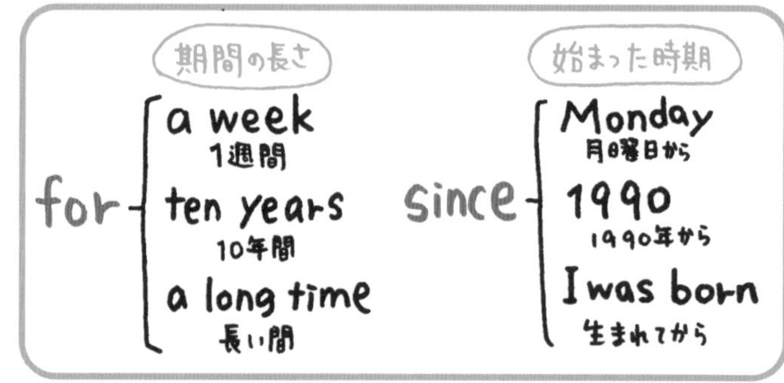

現在完了形の文では，I have を短縮した I’ve という形も使われます。

主語が**3人称単数**のときは，have のかわりに **has** を使うことに注意してください。

基本練習

答えは別冊 12 ページ
答え合わせが終わったら，音声に合わせて英文を音読しましょう。

1 英文に（　）内の情報を付け加えて書きかえましょう。

（例） I am busy. （＋きのうからずっと）

→ **I've been busy** since yesterday.

(1) I am sick. （＋先週からずっと）
病気の

__________ since last week.

(2) My mother works here. （＋ 10 年間ずっと）

__________ for ten years.

(3) Ms. Jones is in Japan. （＋ 1995 年からずっと）

__________ since 1995.

(4) I live in Osaka. （＋私が生まれてからずっと）

__________ since I was born.
生まれた

(5) I study English. （＋ 5 年間ずっと）

__________ for five years.

(6) I want a new bike. （＋長い間ずっと）
自転車

__________ for a long time.

(7) We are here. （＋今朝の 6 時からずっと）

__________ since six this morning.

ポイント 「(今まで) ずっと～している」を表す現在完了形は「継続」の用法と呼ばれます。

44 継続を表す文の否定文・疑問文
現在完了形の否定文・疑問文 ①

現在完了形の否定文・疑問文では，do や did は使いません。

現在完了形の文では have[has] を使いますが，この have[has] は，否定文・疑問文を作るときにも使います。

現在完了形の否定文は，**have[has] のあとに not** を入れます。

have not → haven't，has not → hasn't という短縮形がよく使われます。

疑問文は Have[Has] で文を始めて，Have you ～?/Has he ～? などとします。

答えるときには **Yes, ～ have[has]. / No, ～ haven't[hasn't].** の形が使われます。

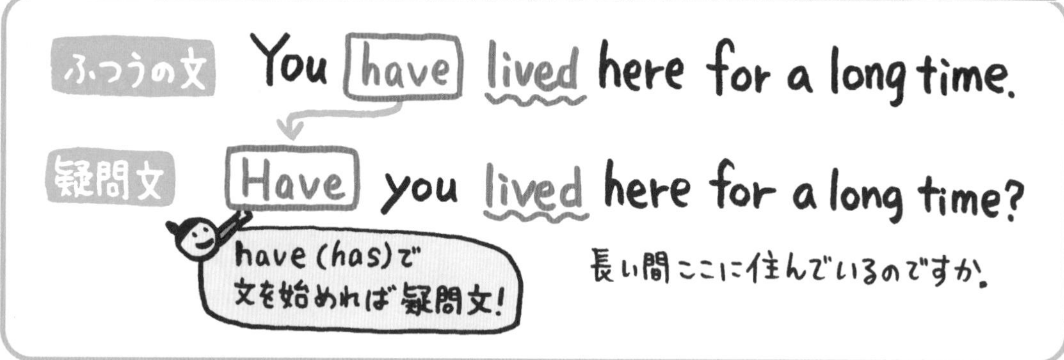

How long have you ～？で，続いている期間の長さをたずねることができます。

基本練習

答えは別冊 12 ページ
答え合わせが終わったら，音声に合わせて英文を音読しましょう。

現在完了形

1 （　）内の動詞を使って英語にしましょう。
そのあとで，その質問に ①はい と ②いいえ で答えましょう。

（例） あなたは長い間ここに住んでいるのですか。（live）

Have you lived here for a long time?

→ ① **Yes, I have.** ② **No, I haven't.**

(1) あなたは彼女を長い間知っているのですか（昔からの知り合いですか）。（know）

________________ for a long time?

→ ① ________ ② ________

(2) あなたは今朝からずっとここにいるのですか。（be）

________________ since this morning?

→ ① ________ ② ________

2 英語にしましょう。（　）内の動詞を使ってください。

(1) 私の母は今朝からずっと何も食べていません。（eat）

____

何も～ない：not ～ anything

since this morning.

(2) 私は先月からずっと彼に会っていません。（meet）

________________ since last month.

(3) あなたはどのくらい（の間）この家に住んでいますか。（live）

________________ in this house?

(4) あなたはどのくらい（の間）ここにいるのですか。（be）

________________ here?

ポイント 現在完了形の文で使う have，has は動詞ではなく助動詞です。

45 経験を表す文 現在完了形の使い方 ②

現在完了形は，過去からつながっている「今の状態」を言うときの表現でしたね。**「(今までに) 〜したことがある」**と言うときにも現在完了形を使います。

右の文は**「今，〈この映画を３回見た〉という状態にある」**のように，自分の**「経験」**について話している感じになります。

経験した回数を言うときには，〜 times（〜回）を使います。ただし，「１回」は one time のかわりに once，「２回」は two times のかわりに twice がよく使われます。

1回	once
2回	twice
3回	three times
4回	four times
⋮	

「〜に行ったことがある」は，be 動詞の過去分詞 been を使って have been to 〜 で表します。

基本練習

答えは別冊13ページ
答え合わせが終わったら，音声に合わせて英文を音読しましょう。

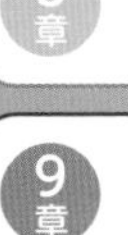

1 英語にしましょう。(　　) 内の動詞を使ってください。

(1) 私は何度もこの映画を見たことがあります。(see)

________________ many times.

映画：movie

(2) 私は3回スペインに行ったことがあります。(be)

________________ three times.

スペイン：Spain

(3) 大樹（Daiki）は2度，沖縄に行ったことがあります。(be)

________________ twice.

(4) 私は以前にこの話を聞いたことがあります。(hear)

________________ before.

話：story　　以前に

(5) 私は以前にどこかでこの写真を見たことがあります。(see)

________________ somewhere before.

写真：picture　　どこかで

(6) 私は一度，彼に会ったことがあります。(meet)

________________ once.

「(今までに) ～したことがある」を表す現在完了形は「経験」の用法と呼ばれます。

46 経験を表す文の否定文・疑問文 現在完了形の否定文・疑問文 ②

現在完了形の否定文は have[has] のあとに not を入れるのでしたね。

「(今までに) 一度も〜したことがない」 と言うときには，not のかわりに，「一度も〜ない」という意味の否定語である never がよく使われます。never を使うときには not は必要ありません。

現在完了形の疑問文は Have[Has] で文を始めるのでしたね。

「(今までに) 〜したことがありますか」 と経験をたずねるときには，Have you ever 〜? の形がよく使われます。ever は「(いつでもいいので) 今までに」という意味で，疑問文で使われます。

基本練習

答えは別冊 13 ページ
答え合わせが終わったら，音声に合わせて英文を音読しましょう。

1 英語にしましょう。（　　）内の動詞を使ってください。

(1) 私は一度もテレビゲームをしたことがありません。（play）

テレビゲーム：a video game

(2) 彼は一度も雪を見たことがありません。（see）

雪：snow

(3) 私の母は一度も北海道に行ったことがありません。（be）

(4) あなたは今までに東京に行ったことがありますか。（be）

(5) あなたは今までにキリンを見たことがありますか。（see）

キリン：a giraffe

(6) あなたは今までに歌舞伎（kabuki）について聞いたことがありますか。（hear）

～について聞く，～のことを聞いて知っている：hear of ～

2 ふきだしの内容を英語で表しましょう。

アメリカに来たことがあるか聞かれました。

海外には行ったことがありません。

海外に：abroad（副詞なので，前に to は不要です）

ポイント I've never ～.（一度も～したことがない。）と Have you ever ～？（今までに～したことがありますか。）はよく使うのでこのままおぼえましょう。

47 完了を表す文 現在完了形の使い方 ③

現在完了形は，過去からつながっている現在の状態を言うときの表現でしたね。**「もう～してしまった」「ちょうど～したところだ」**と言いたいときにも現在完了形を使います。

上の文はどちらも，**「今,〈宿題を終わらせた〉という状態にある」**という感覚です。（**already** は「（もう）すでに」，**just** は「ちょうど」「たった今」という意味です。）

疑問文で「もう～しましたか」とたずねることができます。

疑問文の yet は「もう」という意味です。

否定文で「まだ～していない」と言うことができます。

否定文の yet は「まだ」という意味です。

基本練習

答えは別冊 13 ページ
答え合わせが終わったら，音声に合わせて英文を音読しましょう。

1 英語にしましょう。(　　) 内の動詞を使ってください。

(1) 私はちょうど宿題を終わらせたところです。(finish)

(私の) 宿題：my homework

(2) 私はまだ宿題を終わらせていません。(finish)

----

(3) あなたはもう宿題を終わらせましたか。(finish)

(あなたの) 宿題：your homework

(4) 私はちょうど空港に着いたところです。(arrive)

～に着く：arrive at ～　空港：the airport

(5) 彼はちょうどここを出たところです。(leave)

出る，去る，出発する：leave　ここ：here

(6) 彼女はもう自分の部屋をそうじしましたか。(clean)

(彼女の) 部屋：her room

(7) 彼女はもう (すでに) 自分の部屋をそうじしました。(clean)

yet は否定文では「まだ」，疑問文では「もう」という意味です。

復習テスト 9

➔ 答えは別冊18ページ

得点

／100点

9章 現在完了形

1 次の（　　）内から適するものを選び，〇で囲みましょう。

【各5点　計40点】

(1) 私はきのうからずっと忙しい。
I've been busy (for / since / from) yesterday.

(2) 彼は生まれてからずっとこの家に住んでいます。
He has lived in this house (for / since / from) he was born.

(3) 私は10年間彼女を知っています。
I've known her (for / since / from) ten years.

(4) 彼女はたった今ここを出たところです。
She has (just / already / yet) left here.

(5) 私はまだ手を洗っていません。
I haven't washed my hands (just / already / yet).

(6) あなたは今までにこの映画を見たことがありますか。
Have you (once / ever / never) seen this movie?

(7) 私は一度も彼について聞いたことがありません。
I've (once / ever / never) heard of him.

(8) 私は一度，彼に会ったことがあります。
I've seen him (once / ever / never).

2 次の日本文を英語にしましょう。(　　) 内の動詞を使ってください。

【各 10 点　計 60 点】

(1) 彼は 10 年間この市に住んでいます。(live)

この市に：in this city

(2) 私は一度もハワイ (Hawaii) に行ったことがありません。(be)

(3) あなたは今までに北海道に行ったことがありますか。(be)

(4) 私はまだ自分の部屋をそうじしていません。(clean)

自分の部屋：my room

(5) あなたはもう宿題を終えましたか。(finish)

(あなたの) 宿題：your homework

(6) あなたはどのくらい (の間) 日本にいるのですか。(be)

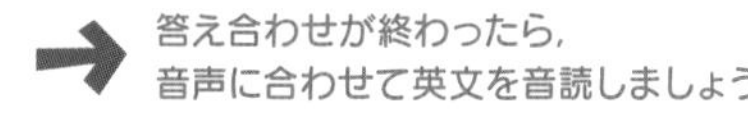

56

答え合わせが終わったら，
音声に合わせて英文を音読しましょう。

もっとくわしく

現在完了形のいろいろな疑問文

p.108 で学習した How long 以外に，次のような疑問詞を使った現在完了形の疑問文もあります。

- How many times have you been to Kyoto?
  (あなたは京都に何回行ったことがありますか。)
- How have you been?
  (〈ひさしぶりに会う人に〉元気でしたか？ ／ 元気にしてた？)
- Where have you been?
  (今までどこに行ってたの？ ／ どこにいたのですか？)

動詞の語形変化一覧表

重要動詞の意味と変化形を確認しましょう。★印が不規則動詞です（不規則な変化形は赤字になっています）。規則変化で，つづりに特に注意すべき変化形は**太字**になっています。

57

音声は不規則動詞（★印）のみが収録されています。
不規則動詞の過去形・過去分詞の発音を音声で確認しましょう。
（原形－過去形－過去分詞の順で読まれます。）

基本の変化… sをつける　／　edをつける（eで終わる語にはdだけをつける）　／　ingをつける（eで終わる語はeをとってing）

原形	意味	3単現	過去形	過去分詞	ing形
agree	同意する	agrees	agreed	agreed	**agreeing** eをとらずにing
answer	答える	answers	answered	answered	answering
arrive	到着する	arrives	arrived	arrived	arriving
ask	尋ねる	asks	asked	asked	asking
★be	(be動詞)	is	was, were	been	being
★become	～になる	becomes	became	become	becoming
★begin	始まる	begins	began	begun	**beginning** nを重ねる
borrow	借りる	borrows	borrowed	borrowed	borrowing
★break	こわす	breaks	broke	broken	breaking
★bring	持ってくる	brings	brought	brought	bringing
★build	建てる	builds	built	built	building
★buy	買う	buys	bought	bought	buying
call	呼ぶ，電話する	calls	called	called	calling
carry	運ぶ	**carries** yをiにかえてes	**carried** yをiにかえてed	**carried**	carrying
★catch	つかまえる	**catches** esをつける	caught	caught	catching
change	変える	changes	changed	changed	changing
★choose	選ぶ	chooses	chose	chosen	choosing
clean	そうじする	cleans	cleaned	cleaned	cleaning
close	閉じる	closes	closed	closed	closing
★come	来る	comes	came	come	coming
cook	料理する	cooks	cooked	cooked	cooking
cry	泣く，さけぶ	**cries** yをiにかえてes	**cried** yをiにかえてed	**cried**	crying
★cut	切る	cuts	cut	cut	**cutting** tを重ねる
decide	決める	decides	decided	decided	deciding
die	死ぬ	dies	died	died	**dying** ieをyにかえてing
★do	する	**does** esをつける	did	done	doing

原形	意味	3単現	過去形	過去分詞	ing形
★draw	(絵を)描く	draws	drew	drawn	drawing
★drink	飲む	drinks	drank	drunk	drinking
★drive	運転する	drives	drove	driven	driving
★eat	食べる	eats	ate	eaten	eating
enjoy	楽しむ	enjoys	enjoyed	enjoyed	enjoying
explain	説明する	explains	explained	explained	explaining
★fall	落ちる	falls	fell	fallen	falling
★feel	感じる	feels	felt	felt	feeling
★find	見つける	finds	found	found	finding
finish	終える	**finishes** esをつける	finished	finished	finishing
★fly	飛ぶ	**flies** yをiにかえてes	flew	flown	flying
★forget	忘れる	forgets	forgot	forgotten	**forgetting** tを重ねる
★get	手に入れる	gets	got	gotten	**getting** tを重ねる
★give	与える	gives	gave	given	giving
★go	行く	**goes** esをつける	went	gone	going
★grow	成長する	grows	grew	grown	growing
happen	起こる	happens	happened	happened	happening
★have	持っている	has	had	had	having
★hear	聞こえる	hears	heard	heard	hearing
help	助ける，手伝う	helps	helped	helped	helping
★hit	打つ	hits	hit	hit	**hitting** tを重ねる
★hold	持つ，開催する	holds	held	held	holding
hope	望む	hopes	hoped	hoped	hoping
hurry	急ぐ	**hurries** yをiにかえてes	**hurried** yをiにかえてed	**hurried**	hurrying
introduce	紹介する	introduces	introduced	introduced	introducing
invent	発明する	invents	invented	invented	inventing
invite	招待する	invites	invited	invited	inviting
join	参加する	joins	joined	joined	joining
★keep	保つ	keeps	kept	kept	keeping
kill	殺す	kills	killed	killed	killing
★know	知っている	knows	knew	known	knowing
learn	習う，覚える	learns	learned	learned	learning
★leave	去る，出発する	leaves	left	left	leaving
★lend	貸す	lends	lent	lent	lending

原形	意味	３単現	過去形	過去分詞	ing 形
like	好きである	likes	liked	liked	liking
listen	聞く	listens	listened	listened	listening
live	住む	lives	lived	lived	living
look	見る，～に見える	looks	looked	looked	looking
★lose	失う，負ける	loses	lost	lost	losing
love	愛する	loves	loved	loved	loving
★make	作る	makes	made	made	making
★mean	意味する	means	meant	meant	meaning
★meet	会う	meets	met	met	meeting
miss	のがす	**misses** esをつける	missed	missed	missing
move	動かす	moves	moved	moved	moving
name	名づける	names	named	named	naming
need	必要とする	needs	needed	needed	needing
open	開ける	opens	opened	opened	opening
paint	（絵の具で）描く	paints	painted	painted	painting
plan	計画する	plans	**planned** nを重ねる	**planned**	**planning** nを重ねる
play	（スポーツを）する	plays	played	played	playing
practice	練習する	practices	practiced	practiced	practicing
★put	置く	puts	put	put	**putting** tを重ねる
★read	読む	reads	read	read	reading
receive	受け取る	receives	received	received	receiving
remember	覚えている	remembers	remembered	remembered	remembering
return	帰る	returns	returned	returned	returning
★ride	乗る	rides	rode	ridden	riding
★run	走る	runs	ran	run	**running** nを重ねる
save	救う	saves	saved	saved	saving
★say	言う	says	said	said	saying
★see	見える	sees	saw	seen	seeing
★sell	売る	sells	sold	sold	selling
★send	送る	sends	sent	sent	sending
★show	見せる	shows	showed	shown	showing
★sing	歌う	sings	sang	sung	singing
★sit	すわる	sits	sat	sat	**sitting** tを重ねる
★sleep	眠る	sleeps	slept	slept	sleeping

原形	意味	3単現	過去形	過去分詞	ing形
smell	～のにおいがする	smells	smelled	smelled	smelling
sound	～に聞こえる	sounds	sounded	sounded	sounding
★speak	話す	speaks	spoke	spoken	speaking
★spend	過ごす	spends	spent	spent	spending
★stand	立つ	stands	stood	stood	standing
start	始める	starts	started	started	starting
stay	滞在する	stays	stayed	stayed	staying
stop	止める	stops	**stopped** pを重ねる	**stopped**	**stopping** pを重ねる
study	勉強する	**studies** yをiにかえてes	**studied** yをiにかえてed	**studied**	studying
★swim	泳ぐ	swims	swam	swum	**swimming** mを重ねる
★take	取る	takes	took	taken	taking
talk	話す	talks	talked	talked	talking
taste	～の味がする	tastes	tasted	tasted	tasting
★teach	教える	**teaches** esをつける	taught	taught	teaching
★tell	伝える，言う	tells	told	told	telling
★think	思う，考える	thinks	thought	thought	thinking
touch	さわる	**touches** esをつける	touched	touched	touching
try	やってみる	**tries** yをiにかえてes	**tried** yをiにかえてed	**tried**	trying
turn	曲がる	turns	turned	turned	turning
★understand	理解する	understands	understood	understood	understanding
use	使う	uses	used	used	using
visit	訪問する	visits	visited	visited	visiting
wait	待つ	waits	waited	waited	waiting
walk	歩く	walks	walked	walked	walking
want	ほしがる	wants	wanted	wanted	wanting
wash	洗う	**washes** esをつける	washed	washed	washing
watch	見る	**watches** esをつける	watched	watched	watching
★wear	着ている	wears	wore	worn	wearing
★win	勝つ	wins	won	won	**winning** nを重ねる
work	働く	works	worked	worked	working
worry	心配する	**worries** yをiにかえてes	**worried** yをiにかえてed	**worried**	worrying
★write	書く	writes	wrote	written	writing

比較変化一覧表

おもな形容詞・副詞の比較級と最上級を確認しましょう。規則変化で，つづりに特に注意すべき変化形は太字になっています。また，不規則に変化するものは赤字になっています。

基本の変化… erをつける estをつける

原級	意味	比較級	最上級
big	大きい	**bigger**	**biggest**
bright	輝いている	brighter	brightest
busy	忙しい	**busier**	**busiest**
cheap	安い	cheaper	cheapest
clean	きれいな	cleaner	cleanest
clear	はっきりした	clearer	clearest
clever	りこうな	cleverer	cleverest
close	ごく近い	closer	closest
cold	寒い，冷たい	colder	coldest
cool	すずしい	cooler	coolest
cute	かわいい	cuter	cutest
dark	暗い	darker	darkest
deep	深い	deeper	deepest
early	早く，早い	**earlier**	**earliest**
easy	簡単な	**easier**	**easiest**
fast	速く，速い	faster	fastest
few	少しの	fewer	fewest
fine	すばらしい	finer	finest
funny	おかしい	**funnier**	**funniest**
great	すばらしい	greater	greatest
happy	幸せな	**happier**	**happiest**
hard	熱心に，難しい	harder	hardest
heavy	重い	**heavier**	**heaviest**
high	高い，高く	higher	highest
hot	熱い，暑い	**hotter**	**hottest**

原級	意味	比較級	最上級
large	大きい	larger	largest
light	軽い	lighter	lightest
long	長い，長く	longer	longest
loud	（声が）大きい	louder	loudest
lucky	幸運な	**luckier**	**luckiest**
near	近い	nearer	nearest
new	新しい	newer	newest
nice	すてきな	nicer	nicest
old	古い，年をとった	older	oldest
poor	貧しい	poorer	poorest
pretty	かわいい	**prettier**	**prettiest**
rich	金持ちの	richer	richest
sad	悲しい	**sadder**	**saddest**
short	短い	shorter	shortest
simple	簡単な	simpler	simplest
small	小さい	smaller	smallest
smart	りこうな	smarter	smartest
soon	すぐに	sooner	soonest
strong	強い	stronger	strongest
sweet	甘い	sweeter	sweetest
tall	（背が）高い	taller	tallest
true	ほんとうの	truer	truest
warm	あたたかい	warmer	warmest
weak	弱い	weaker	weakest
young	若い	younger	youngest

不規則変化

原級	意味	比較級	最上級
bad	悪い	worse	worst
far	遠い，遠くに	farther	farthest
good	よい	better	best
late	遅い	later	latest
	あとの	latter	last

原級	意味	比較級	最上級
little	小さい，少ない	less	least
many	多数の	more	most
much	多量の	more	most
well	上手に	better	best

more ～, most ～型

原級	意味	比較級	最上級
active	活動的な	more active	most active
beautiful	美しい	more beautiful	most beautiful
careful	注意深い	more careful	most careful
carefully	注意深く	more carefully	most carefully
cheerful	陽気な	more cheerful	most cheerful
colorful	色彩豊かな	more colorful	most colorful
convenient	便利な	more convenient	most convenient
dangerous	危険な	more dangerous	most dangerous
difficult	難しい	more difficult	most difficult
easily	簡単に	more easily	most easily
exciting	わくわくさせる	more exciting	most exciting
expensive	高価な	more expensive	most expensive
famous	有名な	more famous	most famous
important	重要な	more important	most important
natural	自然の	more natural	most natural
necessary	必要な	more necessary	most necessary
peaceful	平和な	more peaceful	most peaceful
popular	人気のある	more popular	most popular
quickly	すばやく	more quickly	most quickly
useful	役に立つ	more useful	most useful

監修 **山田暢彦**

NOBU English 主宰。アメリカ出身の日英バイリンガルとして、英語を習い始めた小学生からビジネスパーソン、英語講師、アクティブシニアまで、幅広い受講者に「世界に通用する英語」を指導。学校英語と実用英会話の融合を目指す独自の指導は、教育界・出版界からも高い評価を得ており、これまでベストセラーを含む30冊以上の書籍を手がける。また、近年はオンライン英語教育の先駆者の一人として、映像授業やオンラインサロン、SNSの運営にも力を入れている。「一人でも多くの人に、英語のある人生を楽しんでほしい。」を信条に日々活動している。TOEIC®連続満点、国連英検特A級、英検®1級。nobu-english.jp

中2英語をひとつひとつわかりやすく。 **改訂版**

本書は，個人の特性にかかわらず，内容が伝わりやすい配色・デザインに配慮し、
メディア・ユニバーサル・デザインの認証を受けました。

監修
山田暢彦

編集協力
㈱エデュデザイン

イラスト（カバー・シール・本文）
坂木浩子

ブックデザイン
山口秀昭（Studio Flavor）

メディア・ユニバーサル・デザイン監修
NPO法人メディア・ユニバーサル・デザイン協会　伊藤裕道

DTP
㈱四国写研

CD録音
㈶英語教育協議会（ELEC）

ナレーション
Howard Colefield，Karen Haedrich，水月優希

中2英語を ひとつひとつわかりやすく。

［改訂版］

軽くのりづけされているので，
外して使いましょう。

英語の答え合わせについて

- 正解が何通りかある場合，［　］内に別の答え方を示していることがあります。ただし，音声は最初に示した答え方のみで読まれています。
- 本書では多くの場合，I'm や isn't などの「短縮形」を使って答えを示していますが，短縮しない形で答えても，もちろん正解です。

〈短縮形〉		〈短縮しない形〉	〈短縮形〉		〈短縮しない形〉	〈短縮形〉		〈短縮しない形〉
I'm	→	I am	isn't	→	is not	haven't	→	have not
you're	→	you are	aren't	→	are not	hasn't	→	has not
we're	→	we are	wasn't	→	was not	I've	→	I have
they're	→	they are	weren't	→	were not	you've	→	you have
he's	→	he is	don't	→	do not	we've	→	we have
she's	→	she is	doesn't	→	does not	they've	→	they have
it's	→	it is	didn't	→	did not			

Gakken

01 中1の復習①（動詞の基礎知識 1） 本文7ページ

1 英語にしましょう。

(1) 私は忙しい。
I'm busy.
忙しい：busy（形容詞）

(2) あなたは遅刻です。
You're late.
遅刻した，遅れた：late（形容詞）

(3) 私の母は教師です。
My mother is a teacher.
母：mother　教師：a teacher

(4) 彼は台所にいます。
He's in the kitchen.
台所に：in the kitchen

(5) 私たちは疲れています。
We're tired.
疲れた：tired（形容詞）

(6) 彼らは人気があります。
They're popular.
人気がある：popular（形容詞）

注意 **1** (5) (6) 主語が複数なのでbe動詞はareを使います。

02 中1の復習②（動詞の基礎知識 2） 本文9ページ

1 適する動詞を選び，必要があれば形を変えて（　）に書きましょう。

play　like　watch　live　walk　speak

(1) 私は毎日テレビを見ます。
I (watch) TV every day.

(2) 彼女は中国語を話します。
She (speaks) Chinese.
中国語

(3) 私の兄は料理が好きです。
My brother (likes) cooking.
料理

(4) 健太は毎日バスケットボールをします。
Kenta (plays) basketball every day.

(5) 私たちはたいてい，学校まで歩きます。
We usually (walk) to school.

(6) 彼らは東京に住んでいます。
They (live) in Tokyo.

注意 **1** (2) (3) (4) 主語が３人称単数なので，動詞にsをつけます。(5) (6) 主語が複数なので，sはつけません。

03 中1の復習③（動詞の過去形） 本文11ページ

1 適する動詞を選び，過去形にして（　）に書きましょう。

have　play　make　go　come　read

(1) 私たちはきのう，野球をしました。
We (played) baseball yesterday.
きのう

(2) 私は先月，沖縄に行きました。
I (went) to Okinawa last month.
この前の

(3) ジムは２週間前に日本に来ました。
Jim (came) to Japan two weeks ago.
～前に

(4) 彼にはきのう，たくさんの宿題がありました。
He (had) a lot of homework yesterday.

(5) 私は去年，この本を読みました。
I (read) this book last year.

(6) ヘレンは日本でたくさんの友達を作りました。
Helen (made) a lot of friends in Japan.

注意 **1** (5) read（読む）の過去形はread。つづりは同じですが，発音は[レッド]のようになります。

04 中1の復習④（否定文のつくり方） 本文13ページ

1 否定文に書きかえましょう。

(例) I'm busy.
→ I'm not busy.

(1) It was a difficult question.
It wasn't a difficult question.
difficult：難しい　question：質問

(2) I know his name.
I don't know his name.
know：知っている

(3) My mother plays golf.
My mother doesn't play golf.
golf：ゴルフ

(4) Daiki went to school last Saturday.
Daiki didn't go to school last Saturday.
went：go（行く）の過去形

2 英語にしましょう。

(1) この映画は日本では人気がありません。
This movie isn't popular in Japan.
映画：movie　人気がある：popular

(2) 私の祖父はテレビを見ません。
My grandfather doesn't watch TV.
祖父：grandfather　テレビを見る：watch TV

(3) 私は今朝，朝食を食べませんでした。
I didn't have breakfast this morning.
食べる：have　朝食：breakfast

注意 一般動詞の否定文はdon't，doesn't，didn'tのあとに動詞の原形がきます。

05 中1の復習⑤（疑問文のつくり方）

1 疑問文に書きかえましょう。

(例) You're busy.
→ **Are you busy?**

(1) Sushi is popular in America.
Is sushi popular in America?
popular：人気がある

(2) They speak Japanese.
Do they speak Japanese?

(3) Miki has a cell phone.
Does Miki have a cell phone?
cell phone：携帯電話

(4) Kenta made this sandwich.
Did Kenta make this sandwich?
made：make（作る）の過去形　sandwich：サンドイッチ

2 英語にしましょう。

(1) テストは難しかったですか。
Was the test difficult?
テスト：the test　難しい：difficult

(2) あなたのお兄さんはスポーツが好きですか。
Does your brother like sports?
あなたのお兄さん：your brother　スポーツ：sports

(3) 彼はきのう，学校に来ましたか。
Did he come to school yesterday?

注意 一般動詞の疑問文では動詞はいつも原形を使うことに注意しましょう。

06「過去進行形」とは？

1 英語にしましょう。

(1) 私はルーシー（Lucy）と走っていました。
I was running with Lucy.

(2) 私たちはいっしょにテレビを見ていました。
We were watching TV together.
テレビを見る：watch TV　いっしょに：together

(3) 美香（Mika）は手紙を書いていました。
Mika was writing a letter.
手紙を書く：write a letter

(4) 私の姉は，台所で料理をしていました。
My sister was cooking in the kitchen.
私の姉：my sister　台所で：in the kitchen

(5) 彼らは図書館で勉強していました。
They were studying in the library.
図書館で：in the library

(6) 2時間前，雨が降っていました。
It was raining two hours ago.
雨が降る：rain

イラスト問題の答えは，すべて一例です。いろいろな言い方がありえます。

2 絵の人物に言うつもりで，ふきだしの内容を英語

どうして練習に遅

ジョーンズ先生（Ms. Jones）と話してたんです。

I was talking with Ms. Jones.

注意 1 (1) runningのつづりに注意。(3) writingのつづりに注意。

07 過去進行形の否定文・疑問文

本文
21
ページ

1 英語にしましょう。

(1) 健太（Kenta）はそのとき，勉強していませんでした。
Kenta wasn't studying then.

(2) 彼らはねむっていませんでした。
They weren't sleeping.
ねむる：sleep

(3) 絵里（Eri）はそのときピアノを弾いていませんでした。
Eri wasn't playing the piano then.
ピアノを弾く：play the piano

2 英語にしましょう。
そのあとで，その質問に（　）内の内容で答えましょう。

(1) あなたはバスを待っていたのですか。（→ はい）
Were you waiting for the bus?
～を待つ：wait for ～
→ **Yes, I was.**

(2) そのとき，名古屋（Nagoya）では雨が降っていましたか。（→ いいえ）
Was it raining in Nagoya then?
→ **No, it wasn't.**

(3) あなたはそのとき何をしていたのですか。（→ テレビを見ていました）
What were you doing then?
→ **I was watching TV.**

注意 「そのとき」はthenやat that timeで表し，ふつう文末に置きます。

08「～があります」

1 英語にしましょう。

(1) いすの上にねこが1ぴきいます。
There is a cat on the chair.

(2) 箱の中にはたくさんの本が入っています。
There are a lot of books in the box.
たくさんの：a lot of ～

(3) 壁に1枚の絵がかかっています。
There is a picture on the wall.
絵：a picture　壁に：on the wall

(4) 3年前は，私の家の近くに書店がありました。
There was a bookstore near my house three years ago.
書店：a bookstore

(5) この近くに病院はありません。
There isn't a hospital near here.
病院：a hospital　この近くに：near here

(6) カップの中にミルクがいくらか入っています。
There is some milk in the cup.
いくらかのミルク：some milk　カップ：the cup

2 ふきだしの内容を英語で表しましょう。

新しい友達に，自分の家族のことを紹介しよう。

There are six people in my family.
「私の家族には6人の人がいます。」と考えましょう。

注意 1 (6) 数えられない名詞のときはbe動詞はis[was]を使います。

09「～がありますか」

1 疑問文に書きかえましょう。

(1) There is a blue bag under the table.
Is there a blue bag under the table?
blue：青い

(2) There was a library near the station.
Was there a library near the station?
station：駅

2 （　）内の語を使って，英語にしましょう。
そのあとで，その質問に ①はい と ②いいえ で答えましょう。

(例) この近くに郵便局がありますか。(is)
Is there a post office near here?
→ ① Yes, there is.　② No, there isn't.

(1) あなたの市には空港がありますか。(is)
Is there an airport in your city?
空港：an airport　市：city
→ ① Yes, there is.　② No, there isn't.

(2) その動物園にはたくさんの動物がいましたか。(many)
Were there many animals in the zoo?
動物：animal　動物園：zoo
→ ① Yes, there were.　② No, there weren't.

(3) 壁には絵がかかっていますか。(any)
Are there any pictures on the wall?
絵：picture　壁に：on the wall
→ ① Yes, there are.　② No, there aren't.

注意 **2** (3) anyは疑問文では「1つでも」「少しでも」という意味です。

10 be going to とは？

1 英語にしましょう。

(1) 私は明日，テニスをするつもりです。
I'm going to play tennis tomorrow.
明日

(2) 美香（Mika）は来週，友達に会うつもりです。
Mika is going to meet her friend next week.
～に会う：meet　(彼女の) 友達：her friend　来週

(3) 彼はこの夏に中国を訪れる予定です。
He's going to visit China this summer.
中国：China　この夏

(4) 私は今週末，買い物に行くつもりです。
I'm going to go shopping this weekend.
買い物に行く：go shopping　今週末：this weekend

(5) 私の母は，今度の月曜日にコンサートに行く予定です。
My mother is going to go to a concert next Monday.
コンサート：a concert　今度の月曜日：next Monday

(6) ジョンソンさん（Mr. Johnson）は来年，日本に来る予定です。
Mr. Johnson is going to come to Japan next year.
日本に来る：come to Japan　来年：next year

2 ふきだしの内容を英語で表しましょう。

今日このあとどうするか聞かれました。

家に帰ってこれを読むつもり。

I'm going to go home and read this.
go home(家に帰る)と read this(これを読む)を and でつなげましょう。

注意 toのあとの動詞は，主語にかかわらずいつも原形を使います。

11 be going to の否定文・疑問文

1 英語にしましょう。

(1) 私は今日，夕食を食べるつもりはありません。
I'm not going to have dinner today.
食べる：have　夕食：dinner

(2) 彼女たちは放課後，バスケットボールをするつもりはありません。
They aren't going to play basketball after school.
バスケットボール：basketball　放課後：after school

2 英語にしましょう。
そのあとで，その質問に ①はい と ②いいえ で答えましょう。

(例) あなたは放課後，テニスをするつもりですか。
Are you going to play tennis after school?
→ ① Yes, I am.　② No, I'm not.

(1) 彼は明日，ここへ来るつもりですか。
Is he going to come here tomorrow?
→ ① Yes, he is.　② No, he isn't.

(2) あなたは今夜，宿題をするつもりですか。
Are you going to do your homework tonight?
(あなたの) 宿題をする：do your homework　今夜：tonight
→ ① Yes, I am.　② No, I'm not.

(3) 彼らは8月に，オーストラリアを訪れるつもりですか。
Are they going to visit Australia in August?
オーストラリア：Australia
→ ① Yes, they are.　② No, they aren't.

注意 **1** 否定文はbe動詞のあとにnotを入れます。

12「何をするつもりですか」

1 英語にしましょう。

(1) あなたは明日，何をするつもりですか。
What are you going to do tomorrow?
する：do

(2) 純（Jun）は今週末，何をする予定ですか。
What is Jun going to do this weekend?

(3) あなたはいつハワイ（Hawaii）を訪れるつもりですか。
When are you going to visit Hawaii?

(4) 彼はどこで泳ぐつもりですか。
Where is he going to swim?

(5) あなたは中国にどのくらい滞在する予定ですか。
How long are you going to stay in China?
滞在する：stay　中国に：in China

2 次の質問に英語で答えましょう。（　）内の内容を答えてください。

(1) What are you going to do tomorrow?
(→私は買い物に行くつもりです)
I'm going to go shopping.
買い物に行く：go shopping

(2) Where is your sister going to visit this summer?
(→彼女はカナダを訪れる予定です)
She's going to visit Canada.
カナダ：Canada

注意 **1** (5)「どのくらい～」と期間をたずねるときはHow long ～?を使います。

13 will とは？

本文35ページ

1 英語にしましょう。

(1) あなたはよい先生になるでしょう。
You'll be a good teacher.
よい先生：a good teacher

(2) 私が明日，彼に電話しますね。
I'll call him tomorrow.

(3) 私があなたといっしょに行きますよ。
I'll go with you.
〜といっしょに：with

(4) 彼女は間もなくもどります。
She'll be back soon.
もどる：be back　間もなく：soon

(5) 私たちは今日の午後はひまです。
We'll be free this afternoon.
ひまな：free　今日の午後：this afternoon

(6) 明日はくもりでしょう。
It'll be cloudy tomorrow.
くもった：cloudy

2 ふきだしの内容を英語で表しましょう。

「荷物が重いわ」と言っています。
それ，持ちますよ。
I'll carry it.
「運ぶ」という意味の carry を使いましょう。

注意　**1** (4) (5) (6) be動詞の原形beを使います。

14 will の否定文・疑問文

1 will を使って，英語にしましょう。

(1) 私は今日はテレビゲームをしません。
I won't play video games today.
テレビゲーム：video games

(2) 今夜，私は遅くならないでしょう。
I won't be late tonight.
遅くなる：be late

2 英語にしましょう。
そのあとで，その質問に ①はい と ②いいえ で答えましょう。

(例) あなたは今度の土曜日は家にいますか。
Will you be at home next Saturday?
→ ① Yes, I will.　② No, I won't.

(1) 勇太（Yuta）はあとで，健（Ken）に電話をするでしょうか。
Will Yuta call Ken later?
電話をする：call　あとで：later
→ ① Yes, he will.　② No, he won't.

(2) 鈴木先生（Ms. Suzuki）は，8時に来るでしょうか。
Will Ms. Suzuki come at eight?
8時に：at eight
→ ① Yes, she will.　② No, she won't.

(3) 明日は晴れるでしょうか。
Will it be sunny tomorrow?
晴れた：sunny
→ ① Yes, it will.　② No, it won't.

注意　will notは短縮形のwon'tの形でよく使われます。

15 「(人)に(物)をあげる」など

1 （　）内の語句を並べかえて，英文を完成しましょう。

(1) あなたにプレゼントをあげましょう。
(a present / give / you)
I'll give you a present.

(2) 私に駅へ行く道を教えてください。 (tell / the way / me)
Please tell me the way to the station.
(〜へ行く) 道：way

(3) 美香（Mika）は私たちに何枚か写真を見せてくれました。
(us / some pictures / showed)
Mika showed us some pictures.
写真：picture

(4) 父は私に自転車をくれました。 (gave / a bike / me)
My father gave me a bike.

(5) あなたのノートを私に見せてください。
(your notebook / show / me)
Please show me your notebook.

2 ふきだしの内容を英語で表しましょう。

いっしょに撮った写真を友達に送りましょう。
写真，送るね。
I'll send you the picture.
「あなたに写真（the picture）を送ります。」と考えましょう。

動詞のあとは「人(に)」→「物(を)」の語順になります。

16 「AをBと呼ぶ」「AをBにする」

1 （　）内の語句を並べかえて，英文を完成しましょう。

(1) 私たちはその犬をココ（Coco）と呼びます。
(the dog / we / call / Coco)
We call the dog Coco.

(2) 音楽は私を幸せにします。
(me / makes / happy / music)
Music makes me happy.
音楽：music

(3) そのニュースは彼女を悲しくさせました。
(her / made / the news / sad)
The news made her sad.
悲しい：sad

(4) 私は母を怒らせてしまいました。
(I / my mother / angry / made)
I made my mother angry.
怒った：angry

(5) これを英語で何と呼びますか。
(call / you / what / this / do) in English?
What do you call this in English?
英語で

2 ふきだしの内容を英語で表しましょう。

初対面の相手に自己紹介をしています。
私のことは「アキ（Aki）」と呼んでください。
Please call me Aki.

注意　動詞のすぐあとには「〜を」にあたる語がくることに注意してください。

17 接続詞when

本文45ページ

1 英語にしましょう。

(1) 私が起きたとき，雪が降っていました。
It was snowing when I got up.
起きる：get up

(2) 私の母は若いころ，東京に住んでいました。
My mother lived in Tokyo when she was young.
若い：young

(3) 彼が私の名前を呼んだとき，私は音楽を聞いていました。
I was listening to music when he called my name.
呼ぶ：call

(4) 私が家に帰ったとき，母はテレビを見ていました。
My mother was watching TV when I got home.
家に帰る：get home

(5) 私は子どものころ，歌手になりたかった。
When I was a child, I wanted to be a singer.
子ども：child

2 ふきだしの内容を英語で表しましょう。

きのう電話したのに，と言われました。

電話をくれたときは眠っていたんです。

I was sleeping when you called.

「あなたが電話したとき」と考えましょう。「眠る」は sleep。

注意 **1** (5) When ～が文の前半に来ているのでコンマ（,）がついています。

18 接続詞that

本文47ページ

1 （　）内の語句を並べかえて，英文を完成しましょう。

(1) 私は，この本はおもしろいと思います。
(that / interesting / I / is / think / this book)
I think that this book is interesting.
おもしろい：interesting

(2) 私は，竜太（Ryuta）はスポーツが好きだと知っています。
(likes / know / I / sports / Ryuta / that)
I know that Ryuta likes sports.

(3) 私は，日本ではサッカーが人気があると思います。
(soccer / I / popular / think / is)
I think soccer is popular in Japan.
人気のある：popular

2 英語にしましょう。

(1) 私は，兄が忙しいことを知っています。
I know (that) my brother is busy.

(2) 私は，英語は難しいと思います。
I think (that) English is difficult.
難しい：difficult

(3) 私は，佐藤さん（Ms. Sato）が大阪の出身だと知っています。
I know (that) Ms. Sato is from Osaka.
～の出身である：be from ～

(4) 私たちにはもっと多くの時間が必要だと私は思います。
I think (that) we need more time.
必要である：need　もっと多くの時間：more time

注意 **2** 接続詞のthatは省略しても意味は変わりません。

19 接続詞if / because

本文49ページ

1 英語にしましょう。

(1) あなたが遅いので，ブラウン先生（Mr. Brown）は怒っています。
Mr. Brown is angry because you're late.
遅い：late

(2) もしあなたがおなかがすいているのなら，私がサンドイッチを作りますよ。
I'll make sandwiches if you're hungry.
空腹の：hungry

(3) 健二はかぜをひいていたので学校に行きませんでした。
Kenji didn't go to school because he had a cold.
かぜをひいている：have a cold

(4) もし眠いなら寝てもいいですよ。
You can go to bed if you're sleepy.
眠い：sleepy

(5) もしあなたにお時間があれば，私といっしょに来てください。
If you have time, please come with me.
時間がある：have time

2 ふきだしの内容を英語で表しましょう。

自己紹介の最後に質問を受け付けましょう。

何か質問があれば聞いてください。

If you have any questions, please ask me.

何か：any　質問：questions　私に聞く：ask me

注意 **1** (5) If ～が文の前半に来ているのでコンマ（,）がついています。

20 会話でよく使う助動詞 ①

本文53ページ

1 （　）内の語を使って，英語にしましょう。

(1) こちらに来てくれますか。(can)
Can you come here?

(2) 私を手伝っていただけますか。(could)
Could you help me?
手伝う：help

(3) ここで待っていただけますか。(could)
Could you wait here?
待つ：wait　ここで：here

(4) 私のためにこれを読んでいただけますか。(could)
Could you read this for me?
これを：this　私のために：for me

2 答え方として適する文を（　）内から選んで，○で囲みましょう。

A: Can you call me tonight, Aki?
（今夜，私に電話をしてくれますか，亜紀。）
B: (Yes, please. / (Sure) / Yes, let's.)

3 ふきだしの内容を英語で表しましょう。

相手が早口で聞き取れませんでした。

すみません，もう一度言っていただけますか。

Sorry, could you say that again?

Sorry, で始めましょう。　もう一度言う：say that again

注意 couldのつづりに注意しましょう。

21 会話でよく使う助動詞 ②

1 （　）内の語を使って，英語にしましょう。

(1) 私を手伝ってくれますか。（will）

Will you help me?

(2) 窓を閉めてもらえますか。（would）

Would you close the window?

閉める：close

(3) ここに座ってもいいですか。（may）

May I sit here?

座る：sit　ここに：here

(4) あなたのコンピューターを使ってもいいですか。（may）

May I use your computer?

使う：use　コンピューター：computer

(5) この電話を使ってもいいですか。（may）

May I use this phone?

電話：phone

(6) 皿を洗ってくれますか。（will）

Will you wash the dishes?

皿を洗う：wash the dishes

2 ふきだしの内容を英語で表しましょう。

校長先生の部屋に入る前に声をかけましょう。

入ってもよろしいですか。

May I come in?

入る：come in

注意 これらの依頼する文や許可を求める文も疑問文なので，クエスチョン・マークを忘れないようにしましょう。

22「～しなければならない」①

1 have to ～か has to ～を使って，英語にしましょう。

(1) 私は明日，5時に起きなければなりません。

I have to get up at five tomorrow.

(2) 彼は朝食を作らなければなりません。

He has to make[cook] breakfast.

朝食：breakfast

(3) 健太（Kenta）は病院に行かなければなりません。

Kenta has to go to the hospital.

病院：the hospital

(4) あなたはピアノを練習しなければなりません。

You have to practice the piano.

ピアノを練習する：practice the piano

(5) 私は今，宿題を終わらせなければなりません。

I have to finish my homework now.

(私の) 宿題を終わらせる：finish my homework

(6) あなたたちは，ここでは英語を使わなければなりません。

You have to use English here.

英語を使う：use English

2 ふきだしの内容を英語で表しましょう。

気づいたら，もう帰らないといけない時間です。

もう行かないと。

I have to go now.

もう：now

注意 **1** (2) (3) 主語が3人称単数なのでhasを使います。

23 have toの否定文・疑問文

1 (1)(2)は否定文に，(3)(4)は疑問文に書きかえましょう。

(1) You have to hurry.

You don't have to hurry.

hurry：急ぐ

(2) Yumi has to get up early tomorrow.

Yumi doesn't have to get up early tomorrow.

(3) You have to practice every day.

Do you have to practice every day?

(4) Jim has to leave Japan next month.

Does Jim have to leave Japan next month?

leave：去る

2 英語にしましょう。
(3)はそのあとで，その質問に ①はい と ②いいえ で答えましょう。

(1) あなたはもう行かなければなりませんか。

Do you have to go now?

もう：now

(2) 私は今日，宿題をする必要がありません。

I don't have to do my homework today.

(私の) 宿題をする：do my homework

(3) 彼はそこで英語を話さなければならないのですか。

Does he have to speak English there?

そこで：there

→ ① Yes, he does.　② No, he doesn't.

注意 **1** (1) (2) 否定文は「～する必要はない」「～しなくてもよい」という意味です。

24「～しなければならない」②

本文 61 ページ

1 must を使って，英語にしましょう。

(1) あなたは病院に行かなければなりません。

You must go to the hospital.

病院：the hospital

(2) あなたがたは，授業中は日本語を使ってはいけません。

You mustn't use Japanese in class.

授業中：in class

(3) あなたはペンで書かなければいけません。

You must write with a pen.

ペンで書く：write with a pen

(4) あなたはこれらの絵にさわってはいけません。

You mustn't touch these paintings.

さわる：touch　絵：paintings

(5) 彼は今日は家にいなければなりません。

He must stay home today.

家にいる：stay home

2 ふきだしの内容を英語で表しましょう。

気づいたら遅刻ギリギリの時間です。

私たち，急がないと。

We must hurry.

must を使って表しましょう。　急ぐ：hurry

注意 **1** (3) 必ず守らなくてはならない「規則」もmustで言うことができます。

25「～しましょうか？」

本文63ページ

1 英語にしましょう。

(1) お手伝いしましょうか。

Shall I help you?

手伝う：help

(2) いっしょに昼食をとりましょうか。

Shall we have[eat] lunch together?

昼食：lunch　いっしょに：together

(3) 〈道に迷って〉私たちはどうしましょうか。

What shall we do?

(4) あとであなたに電話しましょうか。

Shall I call you later?

電話する：call　あとで：later

2 答え方として適する文を（　）内から選んで，○で囲みましょう。

(1) Shall we go shopping tomorrow?
（明日，買い物に行きましょうか。）
―（Yes, please. / (Yes, let's)）

(2) Shall I go with you?
（私があなたといっしょに行きましょうか。）
―（(Yes, please) / Yes, I will.）

注意 **2** (1) Shall we ～?なので「はい，行きましょう。」の答え。(2) Shall I ～?なので「はい，お願いします。」の答え。

26「不定詞」とは？

本文67ページ

1 日本文に合う正しい英文を選び，記号を○で囲みましょう。

(1) 私は英語を勉強するために図書館へ行きます。

(ア) I go to the library to study English.
イ I go to the library study English.

(2) 彼はテニスをするために公園へ行きます。

(ア) He goes to the park to play tennis.
イ He goes to the park to plays tennis.

(3) 私は由香（Yuka）に会うために京都を訪れました。

ア I visited Kyoto to saw Yuka.
(イ) I visited Kyoto to see Yuka.

2 英文に（　）内の情報をつけ加えて書きかえましょう。

(例) I went to the library.（＋勉強するために）

I went to the library to study.

(1) He gets up early.（＋朝食を作るために）

He gets up early to make[cook] breakfast.

朝食：breakfast

(2) Kenta went home.（＋テレビを見るために）

Kenta went home to watch TV.

注意 「～するために」は〈to＋動詞の原形〉で表します。

27「～するために」

1 英語にしましょう。

(1) 私は美術を勉強するためにパリに行きました。

I went to Paris to study art.

美術

(2) 健太（Kenta）は先生になるために英語を勉強しています。

Kenta studies English to be a teacher.

～になる：be

(3) 彼女はメールを書くためにこのコンピューターを使います。

She uses this computer to write e-mails.

メールを書く：write e-mails

(4) 私の兄は車を買うために熱心に働きました。

My brother worked hard to buy a car.

熱心に

(5) 私は祖父に会うために福井（Fukui）を訪れました。

I visited Fukui to see my grandfather.

～に会う：see　祖父：my grandfather

2 次の質問に英語で答えましょう。（　）内の内容を答えてください。

(1) Why did they go home?（→テレビを見るためです）

― To watch TV.

(2) Why did you get up early today?（→公園で走るためです）

― To run in the park.

注意 **1** (2)「～になる」はbe動詞の原形beを使って表します。

28「～すること」

1 英語にしましょう。

(1) 私はたくさんの国を訪れたいです。

I want to visit many countries.

訪れる：visit　たくさんの国：many countries

(2) 私は将来，教師になりたいです。

I want to be a teacher in the future.

教師：a teacher　将来：in the future

(3) 鈴木先生は写真を撮るのが好きです。

Mr. Suzuki likes to take pictures.

写真を撮る：take pictures

(4) 私は手紙を書くことが好きではありません。

I don't like to write letters.

手紙を書く：write letters

(5) 彼は去年，日本語を勉強し始めました。

He started to study Japanese last year.

(6) 私は彼に英語で話しかけようとしました。

I tried to speak to him in English.

～に話しかける：speak to ～　英語で：in English

(7) 私は鈴木先生（Mr. Suzuki）に電話する決心をしました。

I decided to call Mr. Suzuki.

電話する：call

注意 **1** (2) want to be ～で「～になりたい」という意味になります。

29「〜するための」

本文73ページ

1 英語にしましょう。

(1) 私は今日，やるべき宿題がたくさんあります。
I have a lot of homework to do today.

(2) 彼女には本を読む時間がありません。
She doesn't have time to read books.
本を読む：read books

(3) 京都には見るべき場所がたくさんあります。
There are many places to see in Kyoto.
場所：places　見る：see

(4) もう寝る時間ですよ，健太。
It's time to go to bed, Kenta.
寝る，就寝する：go to bed

(5) 私は何か飲む物がほしい。
I want something to drink.
飲む：drink

(6) あなたは明日，何かやることがありますか。
Do you have anything to do tomorrow?
(疑問文で) 何か：anything

2 ふきだしの内容を英語で表しましょう。

これからの予定を聞かれました。

今日は何もやることないよ。

I have nothing to do today.

注意 2 I don't have anything to do today.でも表せます。

30「動名詞」とは？

本文75ページ

1 動名詞を使って，英語にしましょう。

(1) 私たちは放課後，テニスをして楽しみました。
We enjoyed playing tennis after school.
楽しむ：enjoy

(2) 私の父は音楽を聞くのが好きです。
My father likes listening to music.
音楽を聞く：listen to music

(3) 彼女はその物語を読み終えました。
She finished reading the story.
その物語：the story

(4) 友達をつくることは簡単です。
Making friends is easy.
友達をつくる：make friends

2 [　] から適するほうを選び，(　) に書きましょう。動名詞を使うか，不定詞を使うかに注意しましょう。

(1) 私は手紙を書き終えました。
I finished (writing) the letter.　[writing / to write]
手紙

(2) 彼はあなたに会いたがっています。
He wants (to see) you.　[seeing / to see]

(3) 美咲 (Misaki) と英太 (Eita) はいっしょに楽しく勉強しました。
Misaki and Eita enjoyed (studying) together.　[studying / to study]
いっしょに

(4) まんが本を読むのをやめなさい。
Stop (reading) the comic book.　[reading / to read]
まんが本

注意 2 finish, enjoy, stopのあとには動名詞がきます。

31「〜のしかた」

本文77ページ

1 英語にしましょう。

(1) あなたはこの機械の使い方を知っていますか。
Do you know how to use this machine?
使う：use　機械：machine

(2) 私はチェスのしかたを知りません。
I don't know how to play chess.
チェスをする：play chess

(3) 私にこの料理の作り方を教えてください。
Please tell me how to make this dish.
作る：make　料理：dish

(4) 拓也 (Takuya) の家への行き方を知っていますか。
Do you know how to get to Takuya's house?
拓也の家：Takuya's house

(5) 私はそこへの行き方を知りませんでした。
I didn't know how to get there.
そこへ：there (1語で「そこへ，そこで」の意味なので，thereの前にtoは不要)

2 ふきだしの内容を英語で表しましょう。

道に迷ってしまいました。

駅への行き方を教えていただけますか。

Could you tell me how to get to the station?

Could you 〜? でたずねましょう。

注意 「〜への行き方」はhow to get to 〜で表します。ふつうgoではなくgetを使います。

32「〜よりも高い」などの言い方

本文81ページ

1 [　] 内の語を適する形に変えて (　) に書きましょう。

(1) このコンピューターは，あのコンピューターよりも新しい。[new]
This computer is (newer) than that one.
もの(=computer)

(2) 浩二 (Koji) は，お父さんよりも背が高い。[tall]
Koji is (taller) than his father.

(3) このバッグは私のよりも小さい。[small]
This bag is (smaller) than mine.
私のもの

2 英語にしましょう。

(1) 山田先生 (Ms. Yamada) は私の母よりも年上です。
Ms. Yamada is older than my mother.
年上の：old

(2) 3月は2月よりも長い。
March is longer than February.
2月：February

(3) 富士山 (Mt. Fuji) は浅間山 (Mt. Asama) よりも高い。
Mt. Fuji is higher than Mt. Asama.
高い：high

(4) 翔太 (Shota) は健二 (Kenji) よりも速く走ります。
Shota runs faster than Kenji.
速く：fast

3 ふきだしの内容を英語で表しましょう。

すごくほしいけど，サイズが大きすぎます。

もっと小さいのありますか？

Do you have a smaller one?

「〜なもの」を表すa 〜 oneを使いましょう。

注意 1 (1) that oneのoneは代名詞で，前の名詞computerのくり返しを避けるために使われます。

33「～の中でいちばん…」の言い方

1 [　] 内の語を適する形に変えて（　）に書きましょう。

(1) このコンピューターは3つの中でいちばん新しい。[new]
This computer is the (newest) of the three.

(2) 浩二 (Koji) は家族の中でいちばん背が高い。[tall]
Koji is the (tallest) in his family.
家族

(3) このバッグは全部の中でいちばん小さい。[small]
This bag is the (smallest) of all.

2 英語にしましょう。

(1) 卓也 (Takuya) はクラスでいちばん強い。
Takuya is the strongest in his class.
強い：strong

(2) 彼は4人の中でいちばん年下です。
He is the youngest of the four .

(3) 信濃川 (the Shinano River) は日本でいちばん長いです。
The Shinano River is the longest in Japan .

(4) 彼女は彼女のクラスでいちばん速く走りました。
She ran the fastest in her class.
走った：ran (run の過去形)

(5) どの山がいちばん高いですか。
Which mountain is the highest?
山：mountain　高い：high

注意 「(数) の中で」はofを,「(場所・範囲) の中で」はinを使います。

34 注意すべき比較変化 ①

1 比較級と最上級を，それぞれ書きましょう。

		比較級	最上級
(1)	hot (暑い)	(hotter)	(hottest)
(2)	easy (やさしい)	(easier)	(easiest)
(3)	large (大きい)	(larger)	(largest)
(4)	good (よい)	(better)	(best)
(5)	many (多くの)	(more)	(most)

2 英語にしましょう。

(1) 私の犬はあなたのよりも大きい。
My dog is bigger than yours.
大きい：big　あなたの：yours

(2) 大樹 (Daiki) は私のいちばん仲のよい友達です。
Daiki is my best friend.
仲のよい友達：good friend

(3) 阿部先生 (Ms. Abe) は私たちの学校でいちばん忙しい先生です。
Ms. Abe is the busiest teacher in our school.
忙しい先生：busy teacher

(4) 中国 (China) とカナダ (Canada) では，どちらのほうが広いですか。
Which is larger, China or Canada?
広い：large

注意 easiest，busiestのつづりに特に注意しましょう。

35 注意すべき比較変化 ②

1 (　) 内の語を使って，日本語に合う文にしましょう。

(1) この本はあの本よりも難しい。(difficult)
This book is more difficult than that one.

(2) 鈴木先生(Mr. Suzuki)は学校でいちばん人気があります。(popular)
Mr. Suzuki is the most popular in our school.

(3) この映画は3つの中でいちばんおもしろかった。(interesting)
This movie was the most interesting of the three.

2 英語にしましょう。

(1) この写真はあの写真よりも美しい。
This picture is more beautiful than that one.
写真：picture　美しい：beautiful

(2) この公園は，私たちの市の中でいちばん有名です。
This park is the most famous in our city.
有名な：famous

(3) 私は，国語がいちばん重要な教科だと思います。
I think (that) Japanese is the most important subject.
私は～だと思う：I think (that) ～　国語：Japanese　重要な教科：important subject

3 ふきだしの内容を英語で表しましょう。

相手が早口で聞き取れません。

もっとゆっくり話していただけますか。

Could you speak more slowly, please?
Could you ～? を使いましょう。

注意 **3** slowlyのように-lyで終わる語は，多くの場合more，mostをつけます。

36「…と同じくらい～」の言い方

1 (　) 内の語を使って，日本語に合う文にしましょう。

(1) 私は博 (Hiroshi) と同じくらい速く走れます。(fast)
I can run as fast as Hiroshi.

(2) 私の姉は母と同じくらいの身長です。(tall)
My sister is as tall as my mother.

(3) 彼の自転車は私のほど新しくありません。(new)
His bike isn't as new as mine.
自転車　私のもの

2 英語にしましょう。

(1) トム (Tom) は私の兄と同じくらいの年齢です。
Tom is as old as my brother.
年をとった，～歳の：old

(2) 私は姉ほど忙しくありません。
I'm not as busy as my sister .

(3) 私のかばんはあなたのと同じくらい大きいです。
My bag is as big as yours.
あなたの：yours

(4) 絵美 (Emi) は久美 (Kumi) と同じくらいじょうずに泳げます。
Emi can swim as well as Kumi.
泳げる：can swim　じょうずに：well

(5) この本はあの本ほどおもしろくありません。
This book isn't as interesting as that one.
おもしろい：interesting

注意 **2** (5) that oneのoneは代名詞で，bookのくり返しを避けるために使われます。

37 比較の文の整理

1 下線の語に（　）内の情報をつけ加えて書きかえましょう。

(1) Your bag is big.（＋私のよりも）
Your bag is bigger than mine.
私の（もの）：mine

(2) Lake Biwa is a large lake.（＋日本でいちばん）
Lake Biwa is the largest lake in Japan.
琵琶湖

(3) My camera is good.（＋このカメラよりも）
My camera is better than this one.
カメラ

(4) I can dance well.（＋美紀(Miki)と同じくらい）
I can dance as well as Miki.
踊る

(5) This is an important thing.（＋すべての中でいちばん）
This is the most important thing of all.
すべて：all

(6) Baseball is popular in Japan.（＋バレーボールよりも）
Baseball is more popular than volleyball in Japan.
バレーボール：volleyball

(7) She is a famous writer.（＋彼女の国でいちばん）
She is the most famous writer in her country.

注意 **1** (2) (5) (7) 形容詞の最上級にはふつうtheをつけます。忘れないようにしましょう。

38「受け身」とは？

1 英語にしましょう。
「(主語) は～される，～された」という受け身の文であることに注意しましょう。

(1) この部屋は毎日そうじされます。
This room is cleaned every day.
そうじする（clean）の過去分詞：cleaned

(2) このコンピューターはたくさんの国で使われています。
This computer is used in many countries.
使う（use）の過去分詞：used

(3) とうふは大豆から作られます。
Tofu is made from soybeans.
作る（make）の過去分詞：made　大豆

(4) 私の家は1950年に建てられました。
My house was built in 1950.
建てる（build）の過去分詞：built

(5) ワールドカップは去年開催されました。
The World Cup was held last year.
開催する（hold）の過去分詞：held

2 ふきだしの内容を英語で表しましょう。

外国のお客さんと美術館に来ています。
この絵は400年前に描かれました。
This picture was painted 400 years ago.
絵：picture　描く(paint)の過去分詞：painted

注意 受け身は〈be動詞＋過去分詞〉で表します。be動詞の使い分けに注意しましょう。

39「過去分詞」とは？

1（　）内の動詞を適する形に変えて（　）に書きましょう。

(1) この機械は日本で作られました。(make)
This machine was (made) in Japan.
機械

(2) 100人以上がそのパーティーに招待されました。(invite)
More than 100 people were (invited) to the party.
～より多くの

(3) 彼女はみんなに愛されています。(love)
She is (loved) by everyone.
～によって

(4) この本は夏目漱石によって書かれました。(write)
This book was (written) by Natsume Soseki.

(5) スペイン語はたくさんの国で話されています。(speak)
Spanish is (spoken) in many countries.
スペイン語

(6) これらの写真は1990年に撮られました。(take)
These pictures were (taken) in 1990.

(7) 彼は偉大な科学者として知られています。(know)
He is (known) as a great scientist.
～として　偉大な　科学者

注意 不規則動詞の過去分詞のつづりに注意しましょう。

40 受け身の否定文・疑問文

1（　）内の動詞を使って英語にしましょう。

(1) このゲームは日本では販売されていません。(sell)
This game isn't sold in Japan.
ゲーム：game　売る（sell）の過去分詞：sold

(2) 私はそのパーティーに招待されませんでした。(invite)
I wasn't invited to the party.

(3) 彼はだれにも見られませんでした。(see)
He wasn't seen by anyone.
見る（see）の過去分詞：seen　だれも

2（　）内の動詞を使って英語にしましょう。
そのあとで，その質問に ①はい と ②いいえ で答えましょう。

(例) すしはあなたの国で食べられていますか。(eat)
Is sushi eaten in your country?
→ ① Yes, it is.　② No, it isn't.

(1) あなたの国ではフランス語は話されていますか。(speak)
Is French spoken in your country?
フランス語：French
→ ① Yes, it is.　② No, it isn't.

(2) この部屋はきのう，そうじされましたか。(clean)
Was this room cleaned yesterday?
→ ① Yes, it was.　② No, it wasn't.

(3) この写真は先週撮られたのですか。(take)
Was this picture taken last week?
写真：picture
→ ① Yes, it was.　② No, it wasn't.

注意 受け身の否定文・疑問文ではdo，does，didは使いません。

41 受け身の文とふつうの文の整理

1 （　）内から適するほうを選び，（　）に書きましょう。
受け身の文なのか，そうでないのかに注意しましょう。

(1) この寺は去年，建てられました。［built / was built］
This temple（ was built ）last year.

(2) 私の母がこのドレスを作りました。［made / was made］
My mother（ made ）this dress.

(3) 彼は私にメールを送りました。［sent / was sent］
He（ sent ）me an e-mail.

(4) 台所はそうじされませんでした。［was / did］
The kitchen（ was ）not cleaned.

(5) 私は健太を招待しませんでした。［wasn't / didn't］
I（ didn't ）invite Kenta.

(6) 彼女の本はだれにも読まれませんでした。［wasn't / didn't］
Her book（ wasn't ）read by anyone.

(7) 彼女がこの絵を描いたのですか。［Was / Did］
（ Did ）she paint this picture?

(8) あなたがこの手紙を書いたのですか。［Were / Did］
（ Did ）you write this letter?

(9) この写真はここで撮られたのですか。［Was / Did］
（ Was ）this picture taken here?

注意　受け身の文はbe動詞と過去分詞を使います。

42「現在完了形」とは？

1 だれかが英語で次のように言ったとき，そこから読み取れる内容として正しいほうを○で囲みましょう。

(1) I lived in Japan for three years.
→この人は日本に［今もまだ住んでいる /（たぶんもう住んでいない）］。

(2) I have lived in Japan for three years.
→この人は日本に［（今もまだ住んでいる）/ たぶんもう住んでいない］。

(3) I worked here for 20 years.
work：働く
→この人はここで［今もまだ働いている /（もう働いていないかもしれない）］。

(4) I have worked here for 20 years.
→この人はここで［（今もまだ働いている）/ もう働いていないかもしれない］。

(5) I arrived at the station at 9:00.
arrive at ～：～に到着する
→この人は［たぶん今もまだ駅にいる /（もう駅にはいないかもしれない）］。

(6) I have just arrived at the station.
→この人は［（たぶん今もまだ駅にいる）/ もう駅にはいないかもしれない］。

(7) David lost his camera.
lost：lose（失う）の過去形・過去分詞
→カメラは［まだ見つかっていない /（もう見つかったかもしれない）］。

(8) David has lost his camera.
→カメラは［（まだ見つかっていない）/ もう見つかったかもしれない］。

注意　過去形は過去のことだけを表しますが，現在完了形は今の状態も表しています。

43 現在完了形の使い方 ①

1 英文に（　）内の情報を付け加えて書きかえましょう。

(例) I am busy.（＋きのうからずっと）
→ **I've been busy** since yesterday.

(1) I am sick.（＋先週からずっと）
I've been sick since last week.

(2) My mother works here.（＋10年間ずっと）
My mother has worked here for ten years.

(3) Ms. Jones is in Japan.（＋1995年からずっと）
Ms. Jones has been in Japan since 1995.

(4) I live in Osaka.（＋私が生まれてからずっと）
I've lived in Osaka since I was born.

(5) I study English.（＋5年間ずっと）
I've studied English for five years.

(6) I want a new bike.（＋長い間ずっと）
I've wanted a new bike for a long time.

(7) We are here.（＋今朝の6時からずっと）
We've been here since six this morning.

注意　I have → I've，we have → we'veという短縮形がよく使われます。

44 現在完了形の否定文・疑問文 ①

1 （　）内の動詞を使って英語にしましょう。
そのあとで，その質問に ①はい と ②いいえ で答えましょう。

(例) あなたは長い間ここに住んでいるのですか。(live)
Have you lived here for a long time?
→ ① **Yes, I have.**　② **No, I haven't.**

(1) あなたは彼女を長い間知っているのですか（昔からの知り合いですか）。(know)
Have you known her for a long time?
→ ① Yes, I have.　② No, I haven't.

(2) あなたは今朝からずっとここにいるのですか。(be)
Have you been here since this morning?
→ ① Yes, I have.　② No, I haven't.

2 英語にしましょう。（　）内の動詞を使ってください。

(1) 私の母は今朝からずっと何も食べていません。(eat)
My mother hasn't eaten anything
何も～ない：not ～ anything
since this morning.

(2) 私は先月からずっと彼に会っていません。(meet)
I haven't met him since last month.

(3) あなたはどのくらい（の間）この家に住んでいますか。(live)
How long have you lived in this house?

(4) あなたはどのくらい（の間）ここにいるのですか。(be)
How long have you been here?

注意　have not → haven't，has not → hasn'tという短縮形がよく使われます。

45 現在完了形の使い方 ②

本文111ページ

1 英語にしましょう。(　) 内の動詞を使ってください。

(1) 私は何度もこの映画を見たことがあります。(see)

I've seen this movie many times.

映画：movie

(2) 私は3回スペインに行ったことがあります。(be)

I've been to Spain three times.

スペイン：Spain

(3) 大樹 (Daiki) は2度，沖縄に行ったことがあります。(be)

Daiki has been to Okinawa twice.

(4) 私は以前にこの話を聞いたことがあります。(hear)

I've heard this story before.

話：story　以前に

(5) 私は以前にどこかでこの写真を見たことがあります。(see)

I've seen this picture somewhere before.

写真：picture　どこかで

(6) 私は一度，彼に会ったことがあります。(meet)

I've met him once.

注意 経験について言うとき，「1回」はonce，「2回」はtwiceで表します。

46 現在完了形の否定文・疑問文 ②

本文113ページ

1 英語にしましょう。(　) 内の動詞を使ってください。

(1) 私は一度もテレビゲームをしたことがありません。(play)

I've never played a video game.

テレビゲーム：a video game

(2) 彼は一度も雪を見たことがありません。(see)

He has never seen snow.

雪：snow

(3) 私の母は一度も北海道に行ったことがありません。(be)

My mother has never been to Hokkaido.

(4) あなたは今までに東京に行ったことがありますか。(be)

Have you ever been to Tokyo?

(5) あなたは今までにキリンを見たことがありますか。(see)

Have you ever seen a giraffe?

キリン：a giraffe

(6) あなたは今までに歌舞伎(kabuki)について聞いたことがありますか。(hear)

Have you ever heard of kabuki?

～について聞く，～のことを聞いて知っている：hear of ～

2 ふきだしの内容を英語で表しましょう。

アメリカに来たことがあるか聞かれました。

海外には行ったことがありません。

I've never been abroad.

海外に：abroad（副詞なので，前に to は不要です）

注意 **2** abroadは副詞なので×been to abroadとは言いません。

47 現在完了形の使い方 ③

本文115ページ

1 英語にしましょう。(　) 内の動詞を使ってください。

(1) 私はちょうど宿題を終わらせたところです。(finish)

I've just finished my homework.

(私の) 宿題：my homework

(2) 私はまだ宿題を終わらせていません。(finish)

I haven't finished my homework yet.

(3) あなたはもう宿題を終わらせましたか。(finish)

Have you finished your homework yet?

(あなたの) 宿題：your homework

(4) 私はちょうど空港に着いたところです。(arrive)

I've just arrived at the airport.

～に着く：arrive at ～　空港：the airport

(5) 彼はちょうどここを出たところです。(leave)

He has just left here.

出る，去る，出発する：leave　ここ：here

(6) 彼女はもう自分の部屋をそうじしましたか。(clean)

Has she cleaned her room yet?

(彼女の) 部屋：her room

(7) 彼女はもう (すでに) 自分の部屋をそうじしました。(clean)

She has already cleaned her room.

注意 alreadyのつづりに注意しましょう。

復習テスト 1 (本文16～17ページ)

1 (1) likes (2) doesn't (3) Does
(4) studied (5) did not
(6) Did

解説
(1) 「私の父はつりが好きです。」
(2) 「私の祖父は車を持っていません。」
(3) 「あなたのおじさんは大阪に住んでいますか。」
(4) 「私は昨夜，英語を勉強しました。」
(5) 「私はきのう，テレビを見ませんでした。」
(6) 「あなたはこの前の土曜日，図書館に行きましたか。」

2 (1) cleans (2) said (3) read
(4) see

解説
(1) 現在の文で，主語が３人称単数なのでcleanにはsをつける。
(2) sayの過去形はsaid。
(3) readの過去形はread。つづりは同じで発音が変わる。
(4) 過去の文でも，疑問文では一般動詞は原形を使う。

3 (1) Is Takuya tall?
(2) My mother doesn't drink milk.
(3) I didn't go to school yesterday.
(4) I took this picture last year.
(5) Did you write this letter?

解説
(2)(3) 否定文では一般動詞は原形を使う。
(4) 写真を「撮る」は動詞takeを使う。takeの過去形はtook。
(5) 疑問文では一般動詞は原形を使う。

復習テスト 2 (本文26～27ページ)

1 (1) is (2) are (3) Are
(4) were

解説
(1) 「彼の家の近くに郵便局があります。」
(2) 「私のクラスには22人の生徒がいます。」
(3) 「公園にはたくさんの桜の木がありますか。」
(4) 「彼らはそのときテレビを見ていました。」

2 (1) No, there isn't.
(2) Yes, there are.

解説
(1) 「部屋にはギターがありますか。」の問い。「いいえ」で答える。
(2) 「壁には絵がかかっていますか。」の問い。「はい」で答える。

3 (1) Is there a hospital next to the station?
(2) I wasn't sleeping then.

解説
(1) 「駅のとなりに病院がありますか。」という文に。
(2) 「私はそのとき眠っていませんでした。」という文に。

4 (1) What were you doing then?
(2) There was an old building over there.
(3) Is there a cake in the box?
(4) There are four rooms in my house.

解説
(1) 過去進行形でたずねる。
(2) There was ～.の形で表す。
(3) 「箱の中には」はin the boxで表す。
(4) 主語が複数なのでbe動詞はareを使う。

復習テスト 3 (本文38〜39ページ)

1 (1) am going　(2) will　(3) go
(4) Are　(5) be　(6) won't

解説
(1) 「私は明日，祖母を訪ねるつもりです。」
(2) 「電話が鳴っています。私が出ます。」
(3) 「私たちはこの夏，山に行きます。」
(4) 「美樹とマークはビーチで泳ぐつもりですか。」
(5) 「彼女は良いテニス選手になるでしょうか。」
(6) 「美佐は今夜はテレビを見ないでしょう。」

2 (1) Yes, she is.
(2) No, he won't.
(3) I'm going to clean my room.
(4) She's going to stay there for three weeks.

解説
(1) 「あなたのお姉さんは自転車を買うつもりですか。」の問い。
(2) 「前田さんはあとでここに来ますか。」の問い。
(3) 「今週末は何をするつもりですか，久美。」の問い。
(4) 「ウィルソンさんはどのくらいカナダに滞在するつもりですか。」の問い。

3 (1) I'll call her now.
(2) Will it be sunny tomorrow morning?
(3) I'm going to see[meet] Yuka next week.
(4) Where are you going to have lunch?
(5) Is your father going to wash his car tomorrow?

解説
(1) 相手に，その場の自分の思い（申し出）を伝えているのでwillを使う。
(2) willで予想を表す。be動詞の原形beを使う。
(4) Whereで始まる疑問文に。

復習テスト 4 (本文50〜51ページ)

1 (1) When　(2) me　(3) him
(4) because

解説
(1) 「私が起きたとき，雨が降っていました。」
(2) 「どうか私にアドバイスをください。」
(3) 「彼の名前はヒロタカです。私たちは彼をヒロと呼びます。」
(4) 「私は２時に寝たので眠い。」

2 (1) think that math is interesting
(2) help me if you are free
(3) knows he is a teacher
(4) showed me her diary
(5) The news made us happy
(6) I told her my name

解説
(1) I thinkのあとに接続詞のthatを続ける。
(4) showのあとは「〜に」「〜を」の語順。
(5) make us happyで「私たちを幸せにする」。

3 (1) catch the bus if you go now
(2) can't come to the party because he's busy
(3) Ms. Ito gave us a lot of homework.
(4) I think (that) we need computers at school.
(5) The students sat down when Mr. Ito came into

解説
(2) becauseを使って理由を表す。
(5) when Mr. Ito came into 〜を文の後半に。

復習テスト 5 (本文64~65ページ)

1 (1) have (2) don't (3) must
(4) swim

解説

(1) 「私は今日，数学を勉強しなければなりません。」
(2) 「あなたはそれを食べる必要はありません。」
(3) 「あなたは先生の言うことを聞かなければなりません。」
(4) 「彼はここで泳いではいけません。」

2 (1) イ (2) ウ (3) ア (4) ウ
(5) ウ

解説

(1) 「あなたのえんぴつを使ってもいい？」「いいですよ。どうぞ。」
(2) 「私はもう行かなければなりませんか。」「いいえ，行かなくてもいいです。」
(3) 「ドアを閉めてくれますか。」「もちろん。」
(4) 「買い物に行きませんか。」「はい，行きましょう。」
(5) 「私の宿題を手伝っていただけませんか。」「ごめんなさい，今日は忙しいのです。」

3 (1) Shall I help you?
(2) May I come in?
(3) Can you open the window?
(4) You don't have to worry.
(5) Shall we meet here at two?

解説

(1) 「(私が)～しましょうか)」を表すShall I ～?を使う。
(4) 「～する必要はありません」はdon't have to ～で表す。
(5) 主語をweにしてShall we ～?で表す。

復習テスト 6 (本文78~79ページ)

1 (1) to play (2) talking
(3) To walk (4) Studying

解説

(1) 「私の姉はサッカーをするのが好きです。」
(2) 「私たちはロックについて話すのを楽しみました。」
(3) 「美樹はなぜそんなに早く起きたのですか。」「公園で犬を散歩させるためです。」
(4) 「日本史を勉強することはおもしろい。」

2 (1) I want some DVDs to watch.
(2) She is going to buy a computer to play games.

解説

「～するための」「～するために」を表すto ～を使う。

3 (1) wants something to
(2) Do you know how to get

解説

(1) 「エイミーは何か飲む物がほしい。」
(2) 「あなたは図書館への行き方を知っていますか。」

4 (1) We need to reduce waste.
(2) She wants to be a teacher.
(3) I don't know how to play this game.
(4) My brother visited Canada to ski.
(5) We have a lot of homework to do.

解説

(1) 「～する必要がある」はneed to ～で表せる。
(4) 「スキーをするために」を表すto skiを文末に。
(5) 「するべき」はto doで表す。

復習テスト 7 (本文92〜93ページ)

1 (1) smaller (2) easiest
(3) better (4) popular
(5) more interesting
(6) hotter (7) best (8) bigger

解説
(1) 「この携帯電話は私の手よりも小さい。」
(2) 「この問題はすべての中でいちばん簡単です。」
(3) 「かおるはさゆりよりも上手に英語を話します。」
(4) 「日本ではサッカーは野球と同じくらい人気があります。」
(5) 「この本はあの本よりもおもしろい。」
(6) 「今日はきのうよりも暑い。」
(7) 「秋は読書にもっともよい季節です。」
(8) 「あなたの犬は私のよりも大きい。」

2 (1) This lake is deeper than Lake Biwa.
(2) Soccer is the most popular sport in their country.

解説
(1) 「この湖は琵琶湖よりも深いです。」という文に。
(2) 「サッカーは彼らの国でいちばん人気があるスポーツです。」という文に。

3 (1) He can't sing as well as Ichiro.
(2) My computer is faster than yours.
(3) This movie is the most interesting of the three.
(4) Mr. Suzuki is as old as my father.
(5) Which country is the largest of the four?

解説
(1) 「〜ほどうまく」はas well as 〜で表せる。
(4) 「〜と同じくらいの年齢」はas old as 〜で表せる。

復習テスト 8 (本文102〜103ページ)

1 (1) is played (2) was painted
(3) wasn't (4) Is (5) Were

解説
(1) 「サッカーはたくさんの国でプレーされています。」
(2) 「この絵は100年前に描かれました。」
(3) 「この部屋はきのうはそうじされませんでした。」
(4) 「あなたの学校ではフランス語は教えられていますか。」
(5) 「あなたは彼女の誕生パーティーに招待されましたか。」

2 (1) visited (2) built (3) read
(4) killed (5) held

解説
(1) 「私たちのウェブサイトは毎日100人をこえる人に訪問されます。」
(2) 「この城は14世紀に建てられました。」
(3) 「彼の小説はたくさんの若い人たちに読まれています。」
(4) 「その事故で3人の人が亡くなりました。」
(5) 「最初の東京オリンピックは1964年に開催されました。」

3 (1) This computer was made twenty years ago.
(2) He is loved by everyone.
(3) English is spoken in many countries.
(4) This book was written by a famous singer.
(5) This room isn't used anymore.

解説
すべて〈be動詞＋過去分詞〉の受け身の文で表す。

復習テスト 9 (本文116~117ページ)

1

(1) since　(2) since　(3) for
(4) just　(5) yet　(6) ever
(7) never　(8) once

解説

(1)(2) 「~から(ずっと)」はsinceで表す。

(3) 期間はforで表す。

(4) 「たった今」はjustで表す。

(5) 否定文で「まだ(~ない)」はyetで表す。

(6) 「あなたは今までに~したことがありますか」はHave you ever ~?でたずねる。

(7) 「一度も~ない」という否定はnever 1語で表せる。

(8) 「一度,一回」はonceで表す。

2

(1) He has lived in this city for ten years.
(2) I've never been to Hawaii.
(3) Have you ever been to Hokkaido?
(4) I haven't cleaned my room yet.
(5) Have you finished your homework yet?
(6) How long have you been in Japan?

解説

(1) 主語が3人称単数なのでhasを使う。

(2) 「一度も~に行ったことがない」は,have been to ~ (~に行ったことがある)をneverで否定する形に。

(3) 「あなたは今までに~に行ったことがありますか」はHave you ever been to ~?でたずねる。

(4) 「まだ~ない」はnot ~ yetで表す。

(5) 疑問文で「もう」はyetを使う。

(6) 期間をたずねる文。How longで始めてhave you been ~を続ける。